KB236506

들어가는 글

틀리지 않는 사람은 없다

신입 게임 기획자 D가 회사 휴게실에 앉아 있다. 표정을 보니 썩 좋은 기분은 아닌 것 같다.

"하아…."
"왜 그렇게 한숨을 쉬어요? 무슨 일 있어요?"

같이 일하는 12년 차 프로그래머 P가 D를 발견하고 옆에 앉는다. 평소 사람들과 이야기 나누는 것을 좋아하는 P는 D와도 종종 이야기를 나누었다.

"아… 오늘 또 실수를 했지 뭐예요. 팀장님이 경쟁 게임들의 미션 시스템을 조사해서 정리하라고 했는데, 그만 엉뚱한 걸 조사했어요. 다들 바쁘게 일하는데, 저 때문에 일정이 하루 밀리게 생겼어요."

▷ 그래서 나는 이 책을 딸에게 먼저 권하고 싶다

빠르게 변화하는 시대에 청년들이 가장 필요로 하는 것은 지식보다 '태도', 기술보다 '사람과 함께 일하는 능력', 그리고 어떤 상황에서도 성장할 수 있는 '자기 기반'입니다. 『자동 회사 습관』은 그 기반을 어떻게 쌓아야 하는지 가장 실제적으로 알려주는 책입니다. 그래서 저는 이 책을 제 딸에게, 그리고 새로운 길을 시작하는 모든 젊은 세대에게 주저 없이 추천하고 싶습니다.

이 책은 신입에게는 실전 가이드이자, 경력자에게는 태도와 기본기를 재정비하는 점검표이며, 리더에게는 사람을 다시 이해하게 해주는 귀한 참고서입니다. "틀리지 않는 사람은 없다." 이 단순한 문장을 깊이 있게 설명해 주는 이 책은 많은 이들의 커리어를 더 단단하고 성숙하게 만드는 데 큰 역할을 할 것이라고 확신합니다.

(주)고운세상코스메틱

대표이사 이주호

음을 떠나 모든 구성원이 반드시 갖추어야 할 핵심 역량입니다.
또한 첫인상, 긍정성, 대화의 중요성, 타인에 대한 존중 등 '보이
지 않는 성공의 조건'들도 책 속에서 매우 현실적으로 설명됩니
다. 특히 커리어 초기에는 이러한 태도가 성과보다 더 큰 영향
을 미친다는 점에서 이 책이 주는 실질적 가치는 매우 큽니다.

▷ 실무 경험이 살아 있는 친절한 회사 생존기

개인적으로 저자와 대화를 나눌 기회가 종종 있었습니다.
함께 일한 경험이 있는 것은 아니지만, 여러 대화를 통해 그의
태도가 이 책의 메시지와 정확히 닮아 있다는 점을 확신하게 되
었습니다. 그는 사람을 존중하고, 상대의 관점을 열린 마음으로
들여다보며, 본인이 틀릴 수 있다는 가능성을 자연스럽게 인정
하는 사람이었습니다. 또한 새로운 관점과 배움을 즐기고, '왜
그런가'를 깊이 탐구하는 태도 역시 늘 일관되었습니다. 책을
읽으며 저는 "그가 평소에 보여오던 태도 그대로가 책 속에 담겨
있다"라는 느낌을 강하게 받았습니다. 즉, 이 책은 단순한 조언
집이 아니라, 저자가 실제로 살아온 방식이 고스란히 녹아 있는
책입니다. 그래서 더 신뢰할 수 있고, 더 깊게 와닿습니다.

효과를 보는 '기본기'들을 단계별로 안내합니다. 이런 내용은
신입이 흔히 겪는 시행착오와 불안을 크게 줄여줍니다.

▷ 실수·질문·습관·관계…
커리어의 본질을 짚는 태도에 관한 책

저자가 강조하는 핵심 메시지는 단순합니다. "실수는 성장
의 일부이며, 틀린 것을 인정하는 태도가 결국 신뢰와 성장을
만든다." 이 조언은 책의 여러 사례 속에서 일관되게 흐르고 있
습니다. 또한 그는 "왜?"라는 질문이 사고의 깊이를 만들고, 문
제의 본질에 접근하는 가장 강력한 도구임을 이야기합니다. 현
상·행동·감정·작업에 "왜?"를 던지는 사고법은 조직에서 뛰어
난 문제 해결력을 가진 사람이 갖춘 대표적 특징입니다. 경영자
의 시각에서 보더라도, 이 책에 담긴 이러한 태도들은 신입이
빨리 성장하고 신뢰를 얻는 데 결정적인 요소들입니다.

▷ 협업과 피드백은
어떤 조직에서도 통하는 영원한 기본기

협업을 위해 필요한 성의, 존중, 확인, 투명성, 도움 요청의
원칙, 그리고 스스로 피드백을 수집하는 태도는 경력의 길고 짧

추천사

조직을 이끌며 수많은 인재의 성장과 변화를 지켜보는 입장에서, 저는 커리어의 본질이 기술이나 실력보다 '태도'와 '기본기'에 있다는 사실을 누구보다 깊이 실감해 왔습니다. 『자동 회사 습관』은 그 기본기를 가장 실제적이고 설득력 있게 설명하는 책입니다. 발전하고 싶은 직장인을 위한 실용적인 정보가 가득합니다.

▷ 신입이 실제로 마주하는 혼란을 정확히 풀어주는 책

이 책은 신입이 조직에서 부딪히는 현실적 문제들을 놀라울 만큼 면밀하게 짚어냅니다. 회사라는 조직이 어떻게 구성되고 움직이는지, 각 조직이 어떤 역할을 하며 서로 어떻게 연결되는지에 대해 매우 명확하게 설명합니다. 또한 이메일 작성법, 문서 구성 방식, 도구 활용 능력, 프로세스 준수 등 실무에서 바로

자동 회사 습관

이재호 지음

자동 회사 습관

"아하, 지시를 정확히 이해하지 못했군요. 잘 이해했다는 생각이 들어도 꼭 다시 물어봐서 확인해 보는 게 좋아요. D 님은 아직 게임 회사의 문법에 익숙하지 않을 테니까요. 그래서 팀장님한테 혼났어요?"

"아니요. 팀장님은 그럴 수 있다고 얘기해 주시더라고요. 하지만 자꾸 실수를 반복하니까 팀에 민폐가 되는 것 같아서요."

P는 D의 마음을 이해할 수 있었다. 자신도 처음 직장생활을 할 때, 자신의 미숙함 때문에 마음이 많이 불편했기 때문이다.

"D 님은 왜 자꾸 실수를 한다고 생각해요?"

"뭐, 그거야… 제가 부족해서 아닐까요?"

"음… 그것도 틀린 말은 아니지만, 정확한 답은 아닌 것 같아요."

"그럼요? 정확한 답은 뭐죠?"

"D 님이 실수를 하는 이유는, 처음이라서 그런 거예요."

"처음이요?"

"네, D 님은 직장생활이 처음이죠? 상업용 게임의 기획 작업에 참여하는 것도 처음일 테고요. 처음이니까 당연히 실수할 수밖에 없죠. 아마 D 님이 졸업한 학교의 교수님이 와서 일한다 해도 실수 연발일걸요?"

"하… 그렇다면 결국 제가 부족한 거잖아요."

D는 또 한숨을 쉬었다.

"조금 다르죠. 부족한 건 맞지만, 사람이 부족한 게 아니에요. 학습과 경험이 부족한 거죠. 팀장님이 크게 혼내지 않았다고 했죠? 팀장님이 왜 혼내지 않았을까요? 그것 때문에 일정이 하루 밀렸는데도 말이죠?"

"글쎄요."

"팀장님도 이미 D 님이 실수할 거라고 생각하고 있을 거예요. 팀장님뿐만이 아니죠. 이 회사의 경력자 모두 신입을 그런 눈으로 봐요. 느리고, 실수하는 존재로 말이지요. 동시에 1~2년 지나면 자신들처럼 능숙하게 일할 거라는 기대감을 갖고 바라보지요. 그렇다면 경력자들이 정말 싫어하는 신입은 어떤 신입일까요?"

"음… 잘 모르겠어요."

"바로 시간이 지나도 성장하지 않을 것 같은 신입이에요. 1~2년 후에도 여전히 같은 실수를 반복할 것 같은 신입이죠.

자동 회사 습관

성장하는 모습만 보여준다면, 경력자들은 충분히 기다려 줄 수 있어요."

의기소침한 얼굴로 조용히 듣고 있던 D의 표정이 아까보다 한껏 진지해져 있다.

"그렇군요. 그런데 어떻게 해야 빨리 성장할 수 있을까요? 제가 지금 무엇부터 해야 할까요? 그것도 잘 모르겠어요."
"너무 조급해하지 말아요. 빨리 배우는 것보다 하나씩 정확하게 배우는 게 더 중요해요. 정확하게 배우는 게 가장 빨리 배우는 길이기도 하고 말이죠. 제가 도와줄게요. 전문가는 아니지만, 그래도 직장생활 오래 하면서 터득한 것들이 있으니까, 그걸 하나씩 가르쳐 드릴게요."

차례

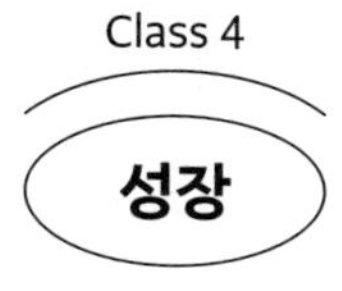

[Class 1]
실무

01

조직구조와 조직문화 파악하기

PREVIEW

사람은 육체와 정신으로 구성되어 있다. 육체와 정신을 다른 말로 하면 몸과 마음이라고 할 수 있고, 이를 가리켜 '심신(心身)'이라는 말을 쓰기도 한다. 조직에도 비슷하게 몸과 마음이 존재한다. 조직의 몸에 해당하는 것은 바로 '조직구조'이다. 사람의 몸이 여러 부분으로 나뉘고 각 부분이 서로 연결된 것처럼, 조직도 여러 부분으로 나뉘고 각 부분이 서로 연결되어 협업하면서 일을 진행한다. 다음으로 조직의 마음에 해당하는 것은 바로 '조직문화'이다. 사람의 마음이 몸을 움직이는 방식을 결정하는 것처럼, 조직문화는 조직구조가 목표를 달성하는 방식을 결정한다.

어떤 사람의 몸과 마음을 알고 있다면, 그 사람을 온전히 이해하고 있다고 말할 수 있을 것이다. 마찬가지로 조직의 구조와 문화를 이해하고 있으면 그 조직을 온전히 이해하는 것이 된다. 그리고 신입사원으로서 어떤 조직의 일원이 되었다면, 가장 먼저 그 조직이 어떤 조직인지 이해하는 것이 우선시되어야 할 것이다. 다만, 어떻게 해야 조직구조와 조직문화를 이해할 수 있는지 모를 수 있다. 그래서 이번 글에서는 조직구조와 조직문화의 구체적인 모습을 알아보고, 이를 통해 조직구조와 조직문화를 파악하는 방법을 설명하고자 한다.

▷ 어떤 조직들이 있는가?

사람의 몸을 이해하려면 먼저 사람의 몸이 머리, 가슴, 팔, 다리 등으로 이루어져 있다는 것을 파악해야 한다. 마찬가지로 조직구조를 이해하려면 먼저 조직을 구성하고 있는 하위조직들을 이해해야 한다. 이러한 하위조직은 회사에 따라 조금씩 다르지만, 대부분의 회사가 가지고 있는 일반적인 구성이 존재한다. 그리고 그런 일반적인 구성만 알아도 조직을 이해하는 데 충분하다.

많은 회사가 가지고 있는 일반적인 조직으로 7가지를 꼽을 수 있다. 제품 개발, 사업, 마케팅, 경영, 기술, 품질 관리, 고객 관리 조직이다. 게임 회사의 예를 통해 이 7가지 조직에 관해 간략히 알아보자.

제품 개발 조직은 비즈니스의 핵심 도구를 만들어 내는 조직이다. 여기에서 제품은 스마트폰처럼 손에 잡히는 '물건'일 수도 있고, 검색 사이트 같은 '서비스'일 수도 있다. 화장품 회사라면 화장품을 만드는 조직을 말하고, 게임 회사라면 게임을 만드는 조직을 말한다.

사업 조직은 매출과 이익을 높이기 위해 노력하는 조직이다. 제품 개발 조직이 제품의 품질을 중요하게 생각한다면, 사업 조직은 그것이 돈이 되는지가 중요한 조직이다. 게임 회사의 사업 조직을 예로 들면, 게임이 좋은 비즈니스 모델을 포함하고 있는지, 유저의 만족도가 매출로 이어지려면 어떤 것이 필요한

지, 성공적인 서비스를 위해 어떤 파트너십이 필요한지 등을 고민하고 실행한다.

마케팅 조직은 고객을 유치하기 위해 움직이는 조직이다. 고객이 회사의 제품을 사용해 보도록 하는 것이 목적이다. 게임 회사의 마케팅 조직은 고객이 게임을 설치하고 플레이하게 만들려고 노력한다. 그러기 위해 홍보도 하고 다른 회사와 제휴도 맺는다. 게임을 플레이한 고객이 계속 게임을 할 것인지 아니면 실망하여 게임을 삭제할 것인지는 제품 조직의 책임이며, 일단 플레이하게 만들었다면 마케팅 조직은 훌륭히 역할을 수행한 셈이다.

경영 조직은 회사가 동작하기 위해 필요한 일들을 하는 곳이다. 인사, 재무, 법무, 총무 등 여러 부문이 존재하는데, 회사가 제대로 돌아가기 위해 꼭 필요한 일을 하는 곳으로, 어떤 면에서는 근본에 해당하는 조직이라고 할 수도 있다. 이 조직이 훌륭히 일을 해내기 때문에 제품, 사업, 마케팅 등 다른 조직들이 자신의 역할에 집중할 수 있다.

기술 조직은 회사의 기술적인 기반을 만들고 관리하는 조직이다. 기술 조직이라고 하면 IT 업계를 먼저 떠올릴 수도 있지만, 디지털 트랜스포메이션이 많이 이루어진 지금은 대부분의 산업 분야에서 중요한 역할을 하고 있을 것으로 생각된다. 기술 조직이 관리하는 시스템은 크게 둘로 나눌 수 있다. 하나는 온라인 게임의 로그인 시스템이나 데이터베이스처럼 제품과 관련된 시스템이다. 그리고 또 하나는 코드 관리 체계나 인사 관리 시스템처럼 회사 내부에서 사용하는 시스템이다.

　품질 관리 조직은 제품과 서비스가 의도대로 만들어졌는지 확인하는 조직이다. 다른 조직처럼 많이 알려져 있지는 않지만, 조직이 수행하는 비즈니스에서 상당한 의미를 갖는 조직이다. 좋은 제품이 만들어지기 위해서는 좋은 개발 조직도 필요하지만 동시에 좋은 품질 관리 조직도 필요하다. 제품과 서비스가 처음부터 훌륭하게 만들어지는 경우는 흔하지 않으며, 오히려 테스트를 통해 좋은 제품으로 다듬어지는 경우가 많기 때문이다. 좋은 품질 관리 조직은 제품 개발 조직의 훌륭한 동반자가 된다.

　마지막으로 고객 관리 조직은 고객과 소통하고, 고객의 요

[게임 회사의 조직 구성 예시]

영역	역할	주요 목적
제품 개발	게임을 만드는 조직. 비즈니스의 핵심 도구를 생산한다고 볼 수 있음	제품의 품질을 높이는 것
사업	다른 회사와 파트너십을 맺거나 게임의 비즈니스 모델을 만들고 관리함	돈을 꾸준하게 많이 버는 것
마케팅	잠재 고객들이 게임을 플레이하도록 만드는 것이 주요 목적. 일단 게임을 플레이하게 만들면 성공적	신규 고객을 효율적으로 모집하는 것
경영	인사, 재무, 법무, 총무 등 회사라는 조직이 돌아가게 만드는 기반 조직	좋은 인재들이 일에 몰입하게 만드는 것
기술	회사에서 벌어지는 모든 일의 기술적인 기반을 만들고 관리하는 조직	직원들의 업무 효율과 생산성을 높이는 것
품질 관리	게임을 시장에 출시해도 좋을지 확인하는 조직	제품의 치명적인 결함을 모두 찾아내는 것
고객 관리	고객과 소통하고, 고객의 요청을 수집하여 제품 개발팀에 전달하는 조직	고객의 만족도를 높이는 것

자동 회사 습관

구사항을 수집하여 제품 개발 조직에 전달한다. 고객의 기호는 계속 변화하기 때문에, 꾸준히 살펴보고 긴밀하게 대응하는 것이 중요하다. 따라서 고객 관리 조직의 역할이 중요하다. 특히 게임과 같은 '콘텐츠'는 고객과의 소통이 매우 중요하며, 간혹 소통의 실패가 서비스의 실패로 이어지는 경우도 있다.

▷ 조직들은 어떻게 연결되어 있는가?

어떤 조직이 있는지 알았다면, 그런 조직들이 어떻게 연결되어 있는지 아는 것도 필요하다. 몸에 팔다리가 있다는 것만 아는 것보다, 팔과 다리가 몸에 어떻게 붙어 있는지까지 알면 더 깊은 이해가 가능해지기 때문이다.

기본적으로 경영 조직과 기술 조직은 모든 조직과 연결되어 있다고 보면 된다. 경영 조직은 회사 운영에 필요한 것을 관리하고, 기술 조직은 회사의 모든 기술적 요구사항을 관리한다. 따라서 이 두 조직은 회사 전체의 기반이 되는 조직으로 볼 수 있다.

제품 개발, 사업, 품질 관리 조직은 제품을 중심으로 긴밀하게 협업한다. 기본적으로 제품을 만드는 것은 제품 개발 조직이지만, 그것이 매출로 이어지기 위해서는 설계 단계에서부터 비즈니스 모델에 관한 고민이 필요하다. 또한, 품질 관리 조직은 제품이 주로 문제를 일으키는 부분이나, 고객이 중요하게 생각하는 부분에 관해 많은 통찰이 있다. 따라서 품질 관리 조직도 초기부터 제품 개발 과정에 같이 참여하는 것이 좋다.

마케팅 조직과 고객 관리 조직은 제품과 고객의 연결점에 존재하는 조직이다. 이 조직들은 고객과 직접적으로 맞닿아 있다. 두 조직이 매우 독립적으로 일하기는 하지만 고객에 관한 통찰을 서로 나눈다면 더 좋은 결과를 만들어 낼 수 있게 된다.

아래 그림은 이상의 내용을 간단히 도식화한 것이다. 사실 모든 조직이 조금씩은 다 연결되어 있으므로, 이런 그림은 대략적인 관계만 나타낸다고 보아야 한다.

[개략적인 조직 연결도 예시]

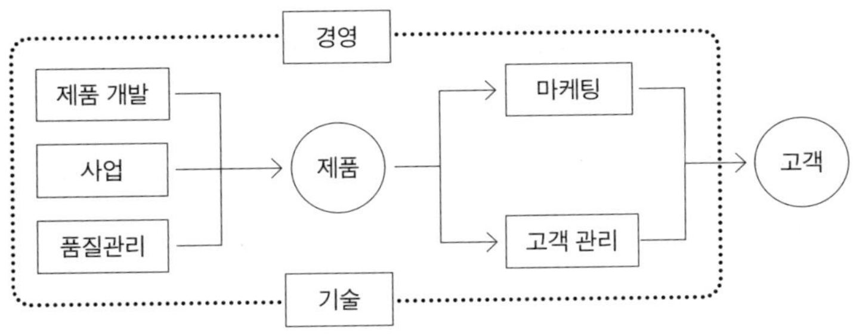

▷ 조직구조를 어떻게 파악할 수 있는가?

대부분의 회사가 비슷한 조직구조를 가지고 있지만, 자신이 다니는 회사만의 다른 점도 존재할 수 있다. 게다가, 직장인으로서 정말로 알아야 하는 것 역시 일반적인 조직구조보다는 우리 회사의 조직구조일 것이다. 그렇다면 우리 회사의 조직구조를 어떻게 파악할 수 있을까? 다음 세 가지 방법을 생각해 볼 수 있다.

1. 동료에게 물어보기
2. 조직구조도 찾아보기
3. 이메일 살펴보기

일단 가장 쉬운 방법은 동료에게 물어보는 것이다. 물론, 다짜고짜 물어보기보다는 먼저 친분을 쌓은 뒤에 물어보는 것이 좋다. 커피라도 한잔 가져다주면서 물어보면 더 좋을 것이다. 그러면 직접 설명해 주거나, 조직구조를 파악하는 방법을 알려 줄 것이다.

질문하는 것을 어려워하는 사람이 있는 것 같다. 그런데 신입사원이 적극적으로 질문하는 모습은 대부분의 경력자가 긍정적으로 인식한다. 그만큼 빨리 적응하고 싶어 하고, 성장하고 싶어 한다고 받아들이기 때문이다. 간혹 질문을 귀찮아하는 사람도 있을 수 있는데, 그러면 다른 사람에게 질문하면 된다.

조직에 조직구조를 설명하는 문서가 있다면 그것을 보아도 좋다. 문서로 정리되어 있다면 꽤 상세하게 작성되어 있을 것이다. 다만, 문서가 최근까지 잘 업데이트되었는지 확인이 필요하다. 이런 종류의 문서는 필요할 때 한번 작성하고 이후 업데이트되지 않는 경우가 종종 있기 때문이다. 그리고 조직구조도는 보통 '대외비'에 해당할 때가 많다. '대외비'는 회사 직원이 아닌 사람에게 정보를 공유해서는 안 되는 것을 말한다. 따라서 다 본 후에 본인 컴퓨터에서는 확실하게 문서를 삭제하는 것이 좋다.

마지막으로 이메일을 살펴보는 방법이 있다. 이것은 내가 속한 조직이 어떤 조직들과 연결되어 일을 하는지 파악할 수 있는 방법이다. 팀과 팀원들이 주고받는 메일의 송수신자를 보면 팀이 어떤 조직들과 연결되어 있는지 어렵지 않게 알 수 있을 것이다.

▷ 조직문화는 어떻게 알 수 있는가?

몸에 해당하는 조직구조를 파악했다면, 마음에 해당하는 조직문화도 파악해야 할 것이다. 그런데 조직문화는 뚜렷한 형체를 가지고 있지 않다. 어떤 분위기나 방식, 신념 등의 종합체이기 때문이다. 따라서 일하면서 점차 알아가고 익숙해질 수밖에 없는데, 그래도 어떤 부분을 눈여겨보면 좋을지 알아두면 편할 것이다.

일단, 대부분의 회사에는 공식적인 '인재상'이라는 것이 있을 것이다. 회사가 직원들에게 요구하는 태도를 나타낸다. 그런데 이 '인재상'을 곧이곧대로 믿어서는 곤란하다. 회사가 진짜로 원하는 것일 수도 있지만, 형식적인 구호일 수도 있기 때문이다. 혹은 회사를 지배하는 리더십의 성격이 '인재상'과 맞지 않아 '인재상'이 무의미한 것으로 전락하기도 한다. 그렇다 하더라도 일단 알아는 두자. 형식적이더라도 회사가 생각하는 이상적인 직원의 모습이 무엇인지 그려볼 수 있다. 게다가, 어쨌든 공식적으로 지지하는 직원의 태도이기 때문에, 나에 관한 평가를 높이는 데 활용할 수 있는 여지도 있다.

경영자의 경영 철학을 이해하는 것도 조직문화를 파악하는 데 도움이 된다. 회사의 조직문화는 CEO의 경영 철학에 많이 좌우된다. 어떤 경우에는 CEO가 바뀌면서 조직문화가 같이 바뀌기도 한다. 회사에서 가장 중요한 의사결정자이고, 의사결정은 보통 위에서 아래로 영향을 미치기 때문에, CEO가 어떤 생각을 가졌는지 아는 것은 중요하다. 이때, 직원들을 상대로 하는 CEO의 말도 참고가 되지만, 외부 언론과의 인터뷰나 세미나에서의 발표 내용 등도 최대한 찾아보는 것이 더 좋다.

회사의 시스템 중에서 조직문화와 긴밀하게 연결된 것이 있다. 바로 평가와 보상이다. 평가와 보상은 조직을 움직이는 핵심 동력이다. 비전이나 관계로도 사람을 움직일 수 있지만, 대부분의 사람은 좋은 평가와 많은 보상을 바라며 움직인다. 따라서 평가와 보상의 설계 내용이야말로 조직이 직원을 바라보는 관점을 잘 나타낸다. 예를 들어, 실질적인 평가 기준이 무엇인가에 따라 회사가 진짜로 중요하게 생각하는 가치나 태도를 알 수 있다. 성과만으로 평가한다면 성과만 중요한 회사인 것이고, 과감한 도전에 점수를 주고 있다면 도전과 모험을 중요하게 생각하는 회사인 것이다. 또한 보상을 어떻게 나누느냐도 중요한 요소인데, 핵심 인재에게 보상을 몰아준다면 핵심 인재를 중요하게 생각하고 내부 경쟁을 유도하는 조직이라고 볼 수 있다. 반면, 보상을 비교적 고르게 분배하고 있다면, 협력과 관계가 더 중요할 수 있다.

일상적으로 일을 하는 과정에서는 의사소통 방식도 눈여겨볼 수 있다. 이메일이나 메신저로 소통하는 것을 좋아하는 조직도 있고, 얼굴을 보며 이야기하는 것을 선호하는 조직도 있다. 리더의 지시에 따라 일사불란하게 돌아가는 조직이 있고, 구성원들이 활발하게 토론하면서 의사결정을 진행하는 조직도 있다. 이렇게 의사소통이 이루어지는 방식 자체도 조직문화를 구성하는 중요한 요소이다. 항상 그런 것은 아니지만, 이메일이나 메신저를 주로 사용하면 일이 중심이 되고, 대면 소통을 중요하게 생각하면 관계가 중심이 될 가능성이 있다. 리더의 지시에 따라 움직이는 조직은 속도와 경험을 중요시하고, 토론을 선호하는 조직은 정확성과 다양성을 중요시할 수 있다. 다만, 그럴 가능성이 있다는 것이므로 반드시 조직의 다른 모습들과 함께 판단해야 좋을 것이다.

마지막으로 관리의 강도를 살펴볼 수 있다. 출퇴근 시간을 유연하게 사용할 수 있는지, 지정된 문서 형식을 엄격하게 요구하는지, 중간 관리자들의 재량을 많이 허용하는 편인지 등을 보는 것이다. 어떤 조직은 성과만 좋다면 과정은 상관하지 않는 반면, 어떤 조직은 규칙과 프로세스를 엄격하게 지키는 것을 조직의 미덕으로 삼기도 한다.

　　조직문화는 어떤 문화가 반드시 좋다고 말할 수 없다. 조직이 처한 상황과 이루어야 하는 목표에 따라 적합한 문화가 달라질 수 있기 때문이다. 따라서 우리 조직의 문화가 좋은지 나쁜지를 생각하기보다, 어떤 문화를 가졌는지 파악하는 것에 집중하면 좋을 것 같다. 그리고 그런 문화가 우리 조직의 비즈니스와 어떻게 연결되는지를 생각해 본다면 충분하다.

[조직문화 살펴보기]

분류	설명	예시
인재상	조직에서 공식적으로 선언한 인재상	'헝그리 정신', '할 말은 한다', '열정적으로 일한다' 등
경영 철학	CEO가 주로 하는 말	"좋은 인재를 적재적소에 배치하면 그들이 성공을 일구어냅니다" 등
평가/보상의 기준	조직이 실질적으로 중요하게 생각하는 가치	'실적 중심', '어려운 과제에 가산점', '핵심 인재에게 집중 보상' 등
의사소통 방식	일하는 방식	'대면 소통 중심', '이메일/메신저 중심', '상명하복', '활발한 토론' 등
관리의 강도	조직과 구성원의 관계	'엄격한 근태 관리', '관리자의 재량 허용', '프로세스 준수 철저' 등

SUMMARY

---

1. 어떤 조직들이 있는가?

   – 일반적으로 제품 개발, 사업, 마케팅, 경영, 기술, 품질 관리,
     고객 관리 등의 조직이 있다.

   – 우리 회사에는 어떤 조직들이 있으며 어떤 역할을 하는지
     알아보자.

2. 조직들은 어떻게 연결되어 있는가?

   – 경영 조직과 기술 조직은 모든 조직과 연결되어 있을 때가 많다.

   – 제품, 사업, 품질 관련 조직은 제품을 중심으로 많은 협업을 한다.

   – 마케팅 조직과 고객 관리 조직은 고객과 제품을 연결하는
     조직이다.

3. 조직구조를 어떻게 파악할 수 있는가?

   – 동료에게 물어보는 것이 가장 쉬운 방법이다.

   – 조직구조도가 있으면 참고가 되지만, 대외비에 해당할 수
     있으므로 주의해야 한다.

   – 우리 팀이 주고받는 메일을 보면 협업 관계를 대략적으로
     파악할 수 있다.

4. 조직문화는 어떻게 알 수 있는가?

   – 공식적인 인재상, CEO의 경영 철학, 평가/보상의 기준,
     의사소통 방식, 관리의 강도 등으로 조직문화를 파악할 수 있다.

02

이메일을 작성할 때 생각해야 할 것들

PREVIEW

직장에 따라 다르겠지만, 사무실에서 일하는 사람들은 아무래도 이메일을 많이 사용하게 된다. 그런데 사적인 대화는 메신저를 주로 이용하기 때문에, 일상생활에서는 생각보다 이메일을 사용할 일이 많지 않다. 따라서 이메일이라는 대화 수단 자체가 신입사원에게는 익숙하지 않을 수 있다. 그래서 이메일 작성이 어려울 수도 있고, 간혹 실수를 하게 될 수도 있다.

직장인에게 이메일은 중요한 대화 수단이다. 그리고 대화는 내용만 중요한 것이 아니다. 표현과 구성을 통해 태도와 감정이 전달되고, 그런 태도와 감정이 일을 더 쉽게도 만들고 어렵게도 만든다. 따라서 직장생활에 빠르게 적응하기 위해서는 좋은 이메일을 작성하는 방법을 어느 정도 알아둘 필요가 있다.

▷ 제목만 봐도 알 수 있어야 한다

이메일을 받는 사람은 지금 엄청나게 바쁠 수 있다. 혹은 나의 요청에 별로 관심이 없을 수 있다. 이메일 읽는 것을 귀찮아할 수도 있다. 그럼에도 불구하고 나는 내 용건을 명확하게 전달해야 한다. 그렇다면, 제목에서부터 용건을 명확히 알리는 것이 최선이다. 물론, 제목만 보고 모든 내용을 알 수는 없겠지만, 적어도 핵심 용건이 무엇인지는 알 수 있게 하는 것이 좋다. 특히, 요즘은 컴퓨터 화면이나 스마트폰 화면으로 새로운 메일 수신을 알려주는 경우가 많은데, 이럴 때 제목만 표시된다는 것도 중요한 포인트다.

어떤 사람들은 하루에도 수십 통 이상의 메일을 수신한다. 메일함에 처리해야 하는 요청사항이 수십 개 쌓여 있을 수 있다. 그런 사람들은 메일을 분류하고 메일 목록을 작업 목록처럼 사용하기도 한다. 그런데 제목을 보고 내용을 유추할 수 없다면 상당히 불편할 것이다. 때로는 지난 메일을 뒤적여 과거에 주고받았던 커뮤니케이션 내용을 확인해야 하는데, 그럴 때 메일 목록에서 제목만 보고 찾는 경우가 많다. '검색' 기능이 보통 있지만, 검색 결과도 제목만 나열된 목록으로 나올 수 있다.

좋은 제목의 예시를 아래에 표로 달아두었다. 다만, 조직에서 사용하는 규칙이 있다면 조직의 규칙을 따르는 것이 우선이다. 사람들이 주고받는 메일의 제목을 보면서, 구성원들이 많이 사용하는 용어나 형식을 따라가는 것도 나쁘지 않다.

자동 회사 습관

[좋은 이메일 제목의 예시]

평범한 제목	더 좋은 제목
고객센터 자동화 시스템 관련	[문의] 고객센터 자동화 시스템에 AI를 적용하고 싶습니다.
안녕하세요. 주식회사 OOO입니다.	[OOO] 팀장 교육을 위한 강의 요청

▷ 첫인사와 끝인사

보통 메일의 처음에는 '안녕하세요'와 같은 인사와 '프로그래밍팀 아인슈타인입니다'와 같은 자기소개로 시작한다. 그리고 끝에는 '감사합니다'와 같은 인사와 '아인슈타인 드림' 정도의 말로 마무리한다. 이것은 아주 사소한 것이지만, 어떤 사람들은 이런 것으로 상대방의 태도를 평가하기도 한다. 따라서 잊지 말고 첫인사와 끝인사를 잘 적어두도록 하자.

때에 따라서는 메일 끝에 서명을 넣기도 한다. 일반적으로는 필수 사항이 아니지만, 조직에 따라서는 필수 요소로 사용하는 경우도 있다. 아마 그런 경우에는 서명의 형식과 사용법을 조직에서 알려줄 것이다.

언어에 따라 첫인사와 끝인사가 다를 수 있으므로, 만약 한글이 아닌 다른 언어로 이메일을 작성한다면 해당 언어권에서 일반적으로 사용하는 인사말을 적어주자. 영어라면 끝에 'Sincerely'나 'Best regards' 등을 많이 쓴다.

안녕하세요. 프로그래밍팀 아인슈타인입니다.

(중략)

감사합니다.
아인슈타인 드림.

▷ 본문은 간결하고 명확하게

말은 골라 듣기 어렵지만, 글은 골라 읽기 쉽다. 이메일의 내용이 짧으면 다 읽겠지만, 내용이 길면 다 읽지 않을 수 있다. 업무를 위한 이메일이라면 다 읽는 것이 당연하다고 생각할 수 있다. 틀린 말은 아니다. 하지만 당연한 일이 당연하게 일어나지 않는 곳이 직장이다. 글이 길면 대충 읽거나, 앞뒤만 훑어 읽거나, 심지어 읽지 않는 사람도 있다.

메일을 제대로 읽지 않아서 일처리가 정상적으로 되지 않았다면 수신자의 책임일 수 있다. 하지만 그런 일이 반복되는 것은 이메일을 작성한 사람에게도 좋지 않다. 따라서 애초에 수신자가 내용을 쉽게 파악할 수 있게 도와줄 필요가 있다.

장황하지 않게 쓰는 것이 기본이다. 다만, 업무에 따라서는 내용이 길어질 수밖에 없는 경우가 있다. 그렇다면 핵심 내용을

자동 회사 습관

구분할 수 있게 하는 것이 필요하다. 핵심 내용을 굵게 처리하거나, 색상을 입힐 수 있다. 혹은 메일의 앞부분이나 뒷부분에서 내용을 짧게 요약해 줄 수도 있다. 그래서 핵심 내용을 먼저 파악할 수 있게 하고, 나머지 구체적인 부분은 필요할 때 다시 확인할 수 있게 하면 된다.

▷ 첨부 파일은 본문에서 반드시 언급한다

메일을 주의 깊게 확인하지 않는 사람들이 있다는 것을 항상 염두에 두어야 한다. 첨부 파일이 있지만, 그 존재를 눈치채지 못할 수 있다. 따라서 "새로운 제안서를 파일로 첨부하여 두었습니다"와 같이 본문에서 첨부 파일을 언급하는 것이 좋다.

한 가지 추가로 언급하자면, 간혹 첨부 파일을 잊고 메일을 보내는 경우가 있다. 그래서 "죄송합니다. 파일 첨부를 빼먹었네요" 같은 말과 함께 첨부 파일이 있는 메일을 다시 보내게 된다. 이런 실수를 방지하려면, 메일 작성을 시작할 때 파일 첨부부터 하면 도움이 된다.

▷ 보내기 전 내용 점검

커뮤니케이션은 표현이 중요하다. '아 다르고 어 다른 것'이

'말'이다. 그리고 글은 검토가 있을 때와 없을 때의 차이가 크다. 한 번이라도 검토와 수정의 과정을 거치면, 그만큼 좋은 내용의 이메일을 보낼 수 있다. 따라서 술술 써진다고 바로 메일을 보내지 말고, 다 작성한 후에 반드시 한 번 이상 내용을 점검하자.

사소하다고 생각할 수 있지만, '오탈자' 검토는 반드시 해야 한다. 글에 오탈자가 있으면, 검토를 제대로 하지 않았다는 느낌을 준다. 오탈자가 여러 개 발견된다면 업무 태도 자체를 의심받을 수도 있다. 기본에 해당하는 것에서 실수가 없을수록 좋은 인상을 줄 수 있다는 것을 명심해야 한다.

▷ 잘 받았습니다

이메일을 보내 놓고 답변을 기다려 본 적이 있는가? 상대방이 언제 답변을 줄지, 읽기는 했는지 궁금했을 때가 있을 것이다. 성격이 급한 사람이라면 이런 일로 스트레스를 받은 경험이 있을 수 있다. 그런데 이런 생각은 나만 하는 것이 아니다. 나에게 메일을 보낸 사람들도 같은 마음과 생각을 한다. 따라서 누군가로부터 메일을 수신했으면, 수신했다는 응답을 먼저 보내는 것이 좋다. 더불어 바로 확인할 수 없으면 언제쯤 확인할 예정인지 알려주면 더 좋다. 그러면 상대방은 마음 졸이지 않고, 다음 응답을 여유롭게 기다릴 수 있을 것이다.

안녕하세요. 뉴튼 님.

프로그래밍팀 아인슈타인입니다.

보내주신 메일은 잘 받았습니다.

다만, 제가 현재 처리 중인 업무가 있으므로,

구체적인 응답은 내일 퇴근 전까지 드리도록 하겠습니다.

감사합니다.

아인슈타인 드림.

SUMMARY

1. 제목만 봐도 알 수 있어야 한다

- 제목에서부터 용건을 전달할 수 있어야 바쁜 사람들에게도
  내용이 잘 전달된다.
- 이메일을 문서처럼 사용하는 경우가 있기 때문에 제목으로
  내용이 구분되어야 한다.
- 조직에서 사용하는 용어나 규칙을 잘 보고 따라 해도 된다.

2. 첫인사와 끝인사

- 첫인사에는 안부의 말과 소속, 이름을 밝히는 것이 일반적이다.
- 끝인사에는 감사의 말에 'OOO 드림' 정도를 붙이면 된다.

– 영어나 다른 언어로 쓸 때는 그 언어권에서 잘 사용하는
  인사말을 적어주자.

3. 본문은 간결하고 명확하게

– 글이 길면 제대로 읽지 않을 수 있다.

– 어쩔 수 없이 길어진다면, 핵심 내용을 먼저 파악할 수 있게
  도와주자.

4. 첨부 파일은 본문에서 반드시 언급한다

– 첨부 파일의 존재를 인지하지 못할 수 있으므로 본문에서
  반드시 언급하자.

– 파일을 먼저 첨부하고 메일 작성을 시작하면, 파일 첨부를
  누락하는 실수를 줄일 수 있다.

5. 보내기 전의 내용 점검

– 검토를 하느냐 안 하느냐에 따라 글의 품질이 크게 달라진다.

– 오탈자 검토를 반드시 하여, 기본에 충실한 이메일을 작성하자.

6. 잘 받았습니다

– 응답이 일찍 오지 않으면 송신자는 불편한 기분을 느낄 수 있다.

– 내용에 대해서는 나중에 응답하더라도 메일을 잘 받았다는
  회신을 먼저 하면 도움이 된다.

03

문서의 종류와 작성법

직무에 따라 작성해야 하는 문서의 양과 종류는 다양하다. 어떤 직무는 1년에 한두 개의 문서만 작성하면 되고, 어떤 직무는 거의 매일 문서와 씨름하기도 한다. 게임 기획자의 경우에는 100페이지가 넘는 기획서를 작성해야 할 때도 있다.

문서 작성이 업무에서 차지하는 비중이 다양한 만큼, 문서 작성 기술의 필요성도 직무에 따라 크게 차이가 날 것이다. 분명한 것은, 문서 작성의 비중이 큰 직무에서는 일단 괜찮은 문서를 생산하기만 해도 직장생활 초기에 좋은 평가를 받을 수 있다는 것이다. 소위 '기본기는 잘 갖추고 있다'는 인상을 줄 수 있다. 게다가, 문서 작성과 거리가 있어 보이는 직무에서도 종종 문서 작성을 요구받는 경우가 있기 때문에, 커뮤니케이션 기술처럼 익혀두면 누구에게나 좋은 기술이 문서 작성 기술이다.

다만, 직장에서 사용하는 문서는 몇 가지 종류로 나뉘고, 종류에 따라 중요한 포인트가 다르므로, 여기서는 문서의 종류에 맞춰 생각해야 하는 것들을 살펴보고자 한다.

▷ 정보를 얻고자 하는 의지가 있는 사람이 정보를 취득할 수 있게 하려는 경우: 매뉴얼, 참고 문서, 기획서 등

이 경우에는 정보가 필요한 사람을 대상으로 하기 때문에, 정보의 과다를 걱정하기보다는 정보의 부족을 걱정해야 한다. 매뉴얼, 기획서, 위키 페이지 등이 여기에 해당할 것 같은데, 프린터를 이용하기 위해 프린터 이용 매뉴얼을 읽는 사람에게는 필요 없는 정보가 포함되어 있는 것보다 필요한 정보가 누락되어 있는 것이 더 치명적일 것이다. 따라서 내용을 준비하는 사람은 필요한 내용이 빠짐없이 담기도록 하는 데 특별히 주의를 기울일 필요가 있다.

현업에서 문서를 주고받다 보면, 다른 사람이 이해하기 어려운 문서를 공유하는 경우가 종종 발생한다. 자료를 준비하는 사람은 이미 자신이 잘 알고 있는 정보를 기술하는 것이라서, 다른 사람이 꼭 알아야 하는 정보를 무심코 빠뜨릴 수 있다. 그러므로 이런 종류의 내용을 준비하는 사람은 내용을 공유하기 전에, 공유하고자 하는 대상에 가까운 사람을 통해 부족한 부분이나 수정해야 할 부분이 없는지 확인하는 과정을 거치면 좋다. 간혹, 옆자리에 있는 동료처럼 자신과 비슷한 입장에 있는 사람에게 확인을 요청하는 경우를 보게 되는데, 그래서는 정확한 테스트가 되지 않는다. 꼭 공유받을 대상과 비슷한 입장의 사람에게 확인받는 것이 좋다.

필요한 내용이 누락되지 않게 하려다, 자칫 내용을 포괄적

자동 회사 습관

으로 다루어 방대한 내용을 담는 자료가 되기 쉽다. 그러므로 이러한 자료를 준비할 때는, 읽는 사람이 원하는 내용을 빨리 찾을 수 있게 하는 것이 좋다. 목차 같은 것은 필수적이며, 이왕이면 링크를 통해 목차에서 원하는 내용으로 바로 이동할 수 있게 해주면 더욱 좋다.

제품 매뉴얼이나 위키 페이지가 이런 종류의 자료로는 구성이 잘 되어 있는 편이니 참고하면 좋을 것이다.

▷ 정보를 얻고자 하는 의지가 강하지 않은 사람에게 정보를 전달하고 기억하게 하려는 경우: 프레젠테이션, 교육 자료, 보고서 등

이번에는 매뉴얼이 아니고, 교육을 준비한다고 생각해 보자. 효과적인 회의 진행 기법을 전 직원에게 교육해야 하는 상황이다. 어떤 직원은 새 기법을 학습하는 데 적극적이어서 방대한 내용을 다루더라도 다 이해하려고 할 것이다. 하지만 교육 내용에 그다지 우호적이지도 않고, 그저 전 직원 대상 교육이니까 참여하는 직원에게 많은 내용을 한꺼번에 쏟아낸다면 그 내용을 다 이해할 수 있을까?

한꺼번에 많은 정보가 들어오면 사람은 선별적으로 일부 내용만 머리에 기억한다. 기억할 정보를 선별하는 기준을 정확히 알 수는 없지만, 비교적 최근의 정보 위주로 기억하는 경향은 있는 것 같다. 다르게 말하면, 뒤에 들어온 정보가 앞의 정보를 덮어버리는 현상이 발생한다. 자기 전에 외운 영어 단어가 더 잘 기억되는 이유도, 그 직후에 새로운 정보가 들어오지 않는 이유도 있을 것이다.

그나마 선별적으로라도 기억한다면 다행이다. 너무 많은 정보가 유입될 때 아예 이해를 포기하는 상황도 곧잘 발생하며, 더 나쁘게는 이러한 이해의 어려움이 화자에 대한 부정적인 평가로 연결될 수도 있다. 한 심리학 실험에 의하면, 메시지가 너무 복잡해서 듣는 사람이 이해하기 어려울 때는 메시지의 설득력이 떨어질 뿐만 아니라, 화자의 지적 능력을 의심하는 상황으로 이어진다고 한다.

따라서 청자의 의지가 강하지 않을 때는 내용에 너무 많은 메시지가 포함되지 않게 하는 것이 좋다. 설명하는 내용이 조금 길 수는 있어도, 마지막에 세 개의 문장으로 요약되는 내용만 담는 것이 목적을 이루는 데 효율적일 것이다.

전 직원에게 회의를 효과적으로 진행하도록 가르치는 데 세 개의 문장으로는 부족할 수도 있다. 그렇다면, 교육을 몇 개의 차수로 나누고, 차수 간 시간 간격을 두며, 차수마다 세 개 이하의 메시지를 담는 것이 한 번에 모든 것을 교육하는 것보다 더 좋은 성과를 낼 것이다.

교육뿐만 아니라 상급자를 위한 보고서에도 마찬가지 원칙이 적용된다. 상급자일수록 더 넓은 범위의 업무를 책임지고 있기 때문에, 내 프로젝트와 관련된 내용을 상급자에게 보고할 때

자동 회사 습관

는 큰 노력을 들이지 않고도 이해할 수 있고, 내가 보고한 내용을 잘 기억할 수 있게 해야 한다. 이때에도 사소한 내용까지 구구절절 담아내기보다는, 중요한 내용만 추려서 세 개 이하의 문장으로 정리될 수 있는 내용을 보고하는 것이 좋다.

그리고 적은 내용을 확실히 기억하게 하려는 목적이 있으므로, 내용의 서두에 무엇을 이야기할 것인지 먼저 밝히고, 내용의 말미에 전체 내용을 짧게 한 번 요약하는 내용을 추가하면 목적을 이루는 데 큰 도움이 될 것이다.

▷ 정보를 전달하면서 상대방에게 의사결정이나 어떤 행동을 유발하려는 경우: 캠페인, 제안서 등

단순히 어떤 정보를 이해시키는 데 머무르지 않고, 특정한 행위를 유발할 목적을 가지고 있을 때가 있다. 예를 들어, 새로운 프로젝트의 제안서를 만들어 의사결정자 앞에서 발표한다면, 그저 새 프로젝트의 내용을 이해시키려는 목적은 아닐 것이다. 그 프로젝트를 진행해도 좋다는 결정을 받아내는 것이 발표의 목적일 것이다. 이런 경우에는 메시지를 여러 개 준비하지 말고 하나만 준비하여, 그 하나의 메시지에 상대방이 공감하게 만드는 것이 좋다.

프로젝트 제안서라면 자연스럽게 '고객의 편의를 증대시키기 위해 ○○○을 진행해야 한다'처럼 하나의 메시지로 쉽게 수

렴될 수 있다. 제안서 내용은 대부분 이 메시지의 설득력을 높이기 위한 도구로 쓰일 것이다. 일반적으로 의사결정을 위한 공유에서는 메시지가 여러 개로 나뉘는 경우가 그다지 많이 발생하지 않을 것이다.

반면에 다른 사람의 행동이나 가치관에 변화를 일으키고자 할 때에는 여러 개의 메시지가 동시에 나가는 경우가 종종 있다. 예를 들어, 부모가 아이에게 좋은 행동을 가르치려고 할 때, 여러 가지 이야기를 한꺼번에 쏟아내는 경우가 있다. 혹은 경력을 많이 쌓은 사람이 신입사원에게 도움 되는 이야기를 해주려고 할 때, 알고 있는 노하우를 한꺼번에 전달하는 경우도 있을 수 있다. 처음부터 여러 이야기를 하려고 계획한 경우도 있을 것이고, 처음에는 하나였지만 이야기하다 보니 다른 좋은 이야기들이 떠올라서 내용이 늘어나는 경우도 있을 것이다.

그러나 앞에서도 이야기했듯이, 사람은 정보가 많으면 받아들이기 힘들어한다. 게다가 대부분의 사람은 기본적으로 변화를 불편해한다. 세상에 기꺼이 설득당하고 변화하려고 하는 사람은 얼마 없을 것이다. 하나의 메시지에만 집중하여 상대방을 공감시키는 것만도 충분히 어려운 일이다.

메시지가 하나인 만큼, 메시지의 내용만큼이나 그 메시지를 어떻게 전달할 것인가에 노력을 많이 기울여야 한다. 전달이 목적이 아니라 행동을 이끌어 내는 것이 목적이기 때문이다. 메시지에 공감하도록 만드는 여러 가지 기법들은 내용이 방대하기도 하고, 따로 정리되어 나온 서적이나 글이 많으니 찾아보면

자동 회사 습관

금방 좋은 내용을 접할 수 있을 것이다.

　『칭찬은 고래도 춤추게 한다』와 같이 세계적으로 많은 사람들에게 공감받은 책들이 하나의 메시지만 담고 있는 것에는 그만한 이유가 있다는 것을 생각해 볼 일이다.

**1. 정보를 얻고자 하는 의지가 있는 사람이
정보를 취득할 수 있게 하려는 경우**

- 매뉴얼, 참고 문서, 기획서 등

- 필요한 내용이 빠지지 않게 하는 것에 주력할 것

- 대상 그룹에 포함되는 사람을 통해 내용을 테스트할 것

- 내용이 방대해서 발생하는 문제점을 목차, 링크 등으로 보완할 것

**2. 정보를 얻고자 하는 의지가 강하지 않은 사람에게
정보를 전달하고 기억하게 하려는 경우**

- 프레젠테이션, 교육 자료, 보고서 등

- 세 개의 문장 정도로 요약되는 내용만 다룰 것

- 다뤄야 하는 내용이 많다면 여러 차수로 나눌 것

- 마지막에 내용을 한 번 요약해 주고 끝낼 것

**3. 정보를 전달하면서 상대방에게 의사결정이나
어떤 행동을 유발하려는 경우**

- 캠페인, 제안서 등

- 하나의 메시지에 집중할 것

- 메시지에 공감하게 만들 수 있는 도구, 기법들을 적극 활용할 것

04

일에 익숙해지기

PREVIEW

신입사원에게 요구되는 첫 번째 미션은 대체로 '적응'일 때가 많다. 많은 팀들이 신입사원에게 '적응'을 위한 시간을 준다. 경력이 많은 사람은 새로운 환경에서도 금방 익숙하게 일을 처리한다. 하지만 신입은 직장 환경에서 일해본 경험이 없거나 매우 적다. 따라서 적응에 시간이 걸리고, 조직도 그것을 어느 정도 이해하고 있다.

조직에 따라서 신입의 적응에 충분한 시간을 주는 경우도 있지만, 어떤 조직은 그렇지 못하다. 그리고 충분한 시간을 준다고 해도, 역시 빠르게 적응하는 신입일수록 조직에 좋은 인상을 줄 수 있을 것이다. 특히, '일에 대한 적응'이 빠르다면 직장생활을 시작하는 데 매우 큰 도움이 될 수 있다.

▷ 도구에 익숙해지기

일에 익숙해지려면 먼저 일하는 데 사용하는 도구에 익숙해져야 한다. 칼질이 서툴면서 요리를 잘할 수 없고, 공을 다루지 못하면서 축구를 잘할 수는 없다. 현대 직장인의 업무는 많은 도구의 지원을 받고 있기 때문에, 도구를 얼마나 활용할 수 있는가가 업무 생산성에 커다란 영향을 미친다.

물론, 조직에서 도구에 대한 교육을 진행하는 경우가 많을 것이다. 아니면 선배 직원이 새로 들어온 신입사원에게 도구에 대해 가르쳐 주는 경우도 많다. 하지만 이런 교육이 제대로 이루어지지 않는 경우도 있으며, 기본적인 사용법만 가르쳐 줄 수도 있다. 따라서 자연스럽게 알게 되는 것 이상으로 더 알려는 노력을 스스로 하는 것이 좋다.

직장에서 많이 활용하는 도구로 '엑셀(Excel)'이 있다. 이 엑셀에는 편리한 기능이 매우 많다. 예를 들어, '함수'를 잘 활용하면 엑셀만으로도 많은 부분을 자동화할 수 있다. 기본적인 데이터만 입력하면, 통계뿐만 아니라 데이터 가공과 요약까지 해준다. 하지만 모든 사람이 이런 기능을 적극적으로 활용하는 것은 아니다. 그래서 어떤 사람들은 수작업으로 통계와 데이터 가공 작업을 하고, 어떤 사람들은 자동화해 놓은 도구를 활용해 같은 작업을 한다.

이렇게 도구를 활용하는 정도에 따라 의외로 생산성에 큰 차이가 날 수 있다. 특히, 그 도구가 팀의 핵심 도구가 아니고 구성원들이 각자 숙련도에 따라 활용하고 있는 도구라면 더 그럴 수 있다. 따라서 일하면서 자연스럽게 배우는 것 이상으로 도구에 대해 잘 알려고 하는 노력이 필요하다. 요즘은 각종 도구에 관한 책과 강의가 매우 많으므로, 유명한 책과 강의 위주로 학습을 하면 빠르게 숙련도를 향상할 수 있을 것이다.

도구에 관해 한 가지 더 말하고 싶은 것이 있다. 같은 목적을 가진 도구가 여러 개 있는데, 자기 팀에서 사용하지 않는 도구에 대해서도 관심을 가지고 알아두어야 한다. 여러 도구를 다 자세히 알기는 어렵지만, 적어도 여러 도구의 장단점 정도는 이해하고 있으면 좋다. 예를 들어, 프로젝트 관리 도구로 지라, 트렐로, 위키 등이 있다. 지라는 기능이 매우 많고, 100명 이상이 작업하는 프로젝트도 관리할 수 있는 강력한 툴이다. 하지만 복잡하고 어려운 단점이 있다. 트렐로는 훨씬 직관적이고 이해하기 쉽지만, 큰 프로젝트를 담당하기는 쉽지 않다.

이런 차이를 직장생활 초기부터 알아야 하는 것은 아니다. 초기에는 지금 사용하는 도구에 대해 깊이 이해하는 것이 우선이다. 하지만 시간이 지나고 현재 사용하는 도구에 익숙해지면, 같은 목적의 다른 도구에 대해서도 관심을 가지면 좋다. 도구를 다양하게 알고 있으면, 그만큼 내가 할 수 있는 일의 범위가 넓어진다. 게다가 다양한 도구를 이해하는 과정 자체가 내 일에 대한 식견과 통찰을 넓혀주는 효과가 있다.

[직장에서 사용하는 여러 가지 도구]

카테고리	도구 예시
문서 작성 도구	MS 오피스, 구글 독스 등
업무/프로젝트 관리 도구	노션, 지라, 트렐로, 레드마인 등
소통 도구	슬랙, 구글 챗, 아웃룩, 지메일 등
파일/자료 관리 도구	윈도 탐색기, 구글 드라이브, 드롭 박스 등
화상 회의 도구	줌, 구글 밋 등
직무 특화 도구	각종 게임 엔진, 프로그래밍 툴, 회계 툴 등

▷ 프로세스에 익숙해지기

드라마나 예능에서 여러 사람이 함께 일하는 주방의 모습을 관찰한 적이 있을 것이다. 집에서 혼자 요리를 할 때는 느긋하게 요리해도 상관없다. 하지만 수많은 손님으로부터 요청이 들어오는 큰 식당의 주방에서는 느긋하게 요리할 수 없다. 좋은 품질의 요리를 빠르게 만들어야 한다. 그래서 '프로세스'를 설계하고, 그 프로세스에 충실하게 작업을 진행한다. 간혹 프로세스에 맞게 작업을 수행하지 못한 구성원을 메인 셰프가 혼내는 모습을 볼 수 있는데, 프로세스의 이행 수준에 따라 결과가 크게 달라지기 때문이다.

직장의 신입사원도 팀의 프로세스를 빠르게 이해하고, 그 프로세스에 익숙해져야 한다. 유명 식당의 주방처럼 정신없이 돌아가지는 않겠지만, 그래도 프로세스의 이행 정도에 따라 일의 성과가 충분히 달라질 수 있다.

예를 들어, 서비스에서 문제가 발생해 담당 프로그래머에게 전달되었다고 생각해 보자. 담당 프로그래머는 자신이 담당한 곳에서 문제가 발생했으니 빨리 그 원인을 찾아 해결하고 싶을 것이다. 그래서 자신이 프로그래밍한 코드를 먼저 꺼내 들여다본다. 그런데 종종 어떤 문제는 그것이 발생한 영역이 아니라 다른 곳에 있을 수 있다. 게임 도중 화면이 깨지는 현상이 발생했을 때, 그것은 화면을 그리는 영역의 문제일 수도 있지만, 서버에서 데이터 관리에 실패해서 발생하는 현상일 수도 있다. 이런 일이 존재하기 때문에, 문제가 발생했을 때 그것을 관련자 모두에게 먼저 공유하는 프로세스가 구성되어 있을 수 있다. 그런데 담당 프로그래머가 급한 마음에 자신의 코드를 보는 데 먼저 시간을 쓴다면, 그래서 자신의 코드에 문제가 없는 것을 확인한 후에야 다른 사람들에게 문제를 공유했다면, 문제 해결에 더 긴 시간이 걸리게 된다.

프로세스에 익숙해지려면 먼저 프로세스를 잘 이해해야 한다. 이때 내가 수행해야 하는 프로세스를 이해하는 것이 먼저겠지만, 팀과 관련된 모든 프로세스를 이해하려는 노력 또한 필요하다. 일에 능숙해지면 점차 내가 하는 일이 확장될 가능성이 있으며, 때로는 다른 사람이 하던 일을 내가 지원해야 하는 경우도 생기기 때문이다. 특히 작은 조직에서는 한 사람이 여러 일을 처리할 수 있어야 하는 상황이 많이 벌어진다.

때로는 내 나름의 프로세스가 존재하는 경우도 있을 것이다. 예를 들어, 대학원에서 공동 연구를 하며 익숙해진 방식이 존재할 수 있다. 그리고 그 방식이 조직에서 사용하는 방식보다 더 좋을 수도 있다. 그렇다 하더라도, 처음에는 일단 조직의 방식을 충실히 따르는 것이 좋다. 조직이 어떤 프로세스를 사용하는 것에는 분명한 이유가 있다. 그 이유를 충분히 이해할 만큼 프로세스에 익숙해진 후에 더 좋은 프로세스가 없을지 생각하는 것이 더 나은 결과로 이어질 때가 많다.

조직의 프로세스에 이유가 있을 것이라고 했는데, 프로세스를 이해할 때 그런 이유도 반드시 알아두려고 노력하자. 종종 프로세스를 원칙대로 이행하기 어려운 상황이 있을 수 있다. 예를 들어, 서비스에서 발생한 문제를 관련자에게 공유하는 내부 프로그램이 존재한다고 생각해 보자. 그 프로그램에 문제가 있어 점검 중인 상황에서 문제가 발생했다. 보통은 프로그램에 문제상황을 입력해야 하지만 지금은 입력 자체가 불가능하다. 그런데 이 프로세스의 목적은 관련자들에게 정보를 빠르게 공유하는 것이다. 따라서 급한 대로 이메일이나 메신저를 동원해서 필요한 사람들에게 빠르게 내용을 공유하면 된다. 점검이 끝나기를 기다리기보다 먼저 정보를 공유하는데 집중하는 것이다. 이처럼 프로세스의 목적이나 이유를 이해하고 있으면, 만약의 상황에도 유연하게 대처할 수 있다. 프로세스에는 항상 목적이 있으며, 그 목적을 달성하는 것이 프로세스를 수행하는 것보다 중요하다는 것을 인식해야 한다.

SUMMARY

---

1. 도구에 익숙해지기

　- 도구와 활용 정도가 업무 생산성에 큰 영향을 미친다.

　- 일하면서 배우게 되는 것 이상으로 잘 활용하려는 노력이 필요하다.

　- 같은 목적을 가진 여러 도구의 장단점과 특징을 이해하고 있으면
　　더 좋다.

2. 프로세스에 익숙해지기

　- 프로세스를 충실히 수행하는 것도 업무 효율을 높이는 데 중요하다.

　- 자신의 생각이 따로 있더라도, 일단 프로세스를 준수하고 충실히
　　이행하도록 하자.

　- 당장은 나와 관련이 없더라도, 팀에 존재하는 모든 프로세스를
　　이해하려고 노력하자.

　- 프로세스의 이유나 목적을 알면, 예외적인 상황에서도 유연하게
　　대응할 수 있다.

[Class 2]
태도

05

틀리는 것을 부끄러워하지 말자

어렸을 때 동네 아이들과 어울리다 보면 가끔씩 말다툼이 벌어지고는 했다. 놀이 규칙을 놓고 다투기도 하고, 어디서 주워들은 지식으로 누가 맞는지 다투기도 했다. 그 다툼은 누가 맞는지보다 누가 이기느냐가 더 중요했다. 그래서 내가 틀린 것 같아도 쉽게 인정하지 않았다. 틀린 것을 인정하는 순간 지는 것이므로.

그런데 비슷한 일이 어른들의 세계에서도 벌어진다는 것을 나중에 알았다. 다만, 그 양상은 아이들의 세계와 약간 달랐다. 아이들은 지는 것이 싫어서였다면, 어른들은 자신의 부족함을 드러내기 싫어서인 듯했다. 그래서 틀린 것을 인정해야 하는 상황을 아예 피하는 경우가 많았다. 침묵을 선택하는 것이다.

틀렸음을 인정하기 힘든 것은 자연스러운 일이다. 집단생활을 하는 존재에게는 자신의 부족함을 드러내는 것이 어려운 일일 것이다. 따라서 틀린 것을 인정하는 태도는 연습과 훈련을 통해 획득해야 하는 것에 속한다. 하지만 우리는 성장 과정에서 틀린 것을 인정하는 법을 제대로 배우지 못했다. 그보다는 틀리지 않는 것에 몰입했다. 그러다 보니 틀린 것을 부끄러워하고, 틀린 것을 들키지 않으려 하는 성향이 오히려 강해진 것 같다.

▷ 틀리지 않는 사람은 없다

세상에 틀리지 않는 사람이 있을까? 스티브 잡스는 잘못된 리더십으로 애플에서 쫓겨나다시피 했다. 마이클 조던은 야구도 잘할 수 있을 것이라 생각했지만 틀렸다. 토머스 에디슨은 천 번도 넘게 틀리고 나서야 오래 지속되는 전구를 발명할 수 있었다. 이들은 틀리지 않는 사람이 아니었다. 틀린 것을 인정하고 수정할 줄 아는 사람들이었다.

우리가 위대하다고 인정하는 사람들도 많이 틀린다. 단지, 틀린 것을 부끄러워하기보다 그것을 인정하고 올바른 선택을 다시 찾는 것에 집중한다. 실패를 두려워하지 않으니 도전을 주저하지 않고, 틀린 것을 알았을 때는 그것을 거침없이 수정하니, 결국 원하는 목적지에 이르게 되는 것이다.

비단, 개인에게만 해당하는 이야기는 아니다. 조직도 틀린 것을 인정할 줄 아는 조직이 성공에 더 빨리 다가간다. 제2차 세계대전 당시 자신들이 틀렸다는 것을 인정하지 않은 일본군은 미군에게 회복 불가능한 피해를 입었다. 반면, 중동 전쟁에서 이스라엘군에게 치명적인 패배를 당했던 이집트군과 시리아군은 자신들이 틀렸다는 것을 인정하고 수정한 후에, 전세를 뒤집어 이스라엘군을 절체절명의 위기까지 몰아붙이는 데 성공했다.

자동 회사 습관

▷ 틀린 것이 많으면 오히려 좋다

게임을 만들고 나면 서비스를 개시하기 전에 테스트를 먼저 한다. 만드는 과정에서도 많이 하지만, 다 제작한 후에는 가능한 모든 상황에 대해 포괄적인 테스트를 실시한다. 이때 어떤 사람들은 문제가 별로 없기를 바란다. 하지만 나는 조금 다르게 생각한다. 나는 테스트 과정에서 문제가 많이 발견되기를 바란다. 게다가 이왕이면 치명적인 문제가 발견되기를 희망한다. 테스트 과정에서 발견되고 수정된 문제가 많을수록, 실제 서비스 과정에서는 문제가 잘 발생하지 않기 때문이다.

커리어를 시작한 지 얼마 되지 않은 기간을 프로그램 테스트 과정에 견줄 수 있을 것이다. 이 시기의 구성원이 완성되어 있을 것이라고 생각하는 사람은 별로 없다. 당연히 부족하고, 당연히 실수할 것이라고 생각한다. 그런 만큼, 이 시기의 구성원이 틀리는 것에 대해서는 대체로 관대하게 받아들인다. 따라서 이 시기에는 많이 틀려도 된다. 아니, 많이 틀리면 오히려 좋다. 많이 틀리고 많이 수정하면, 이 시기를 지났을 때 훨씬 더 완성된 상태가 되어 있을 것이기 때문이다.

▷ 틀린 것을 인정하는 사람에게 호의적이다

직장생활을 하면 여러 사람들과 관계를 형성하게 된다. 그리고 어떤 관계를 형성하느냐에 따라 직장생활의 질이 크게 달라진다. 관계를 멀리하고 자기 할 일만 신경 쓰고 싶은 사람도 있겠지만, 현실이 그렇게 놔두지를 않는다. 특히, 승진도 하고 싶고 연봉도 높이고 싶은 사람이라면 관계를 무시할 수 없다.

관계의 기본은 내가 동료들에게 어떤 사람으로 인식되는가에 있다. 내가 실제로 가지고 있는 모습보다 동료들에게 인식되는 모습이 관계의 바탕이 된다. 따라서 좋은 관계를 형성하기 위해서는 '관계를 맺어도 좋은 사람'이라는 인식을 심어줄 필요가 있다. 그런데 이런 인식은 단순히 말로 주장해서 획득할 수 있는 것이 아니다. 그보다는 어떤 행동이나 태도를 통해 보여주어야 한다. 그리고 그런 인식을 만들어 줄 수 있는 태도 중 하나가 바로 틀린 것을 인정하는 태도다.

틀린 것을 인정하는 것은 누구나 좋게 생각하는 태도다. 하지만 막상 실행하기는 쉽지 않은 태도이기도 하다. 특히 직장생활의 빌런들에게서는 거의 관찰되지 않는 특성이다. 따라서 틀린 것을 인정하는 태도는 그 사람이 최소한 나쁜 사람은 아니라는 신호를 주며, 나아가 존경할 만한 점을 가진 사람일 수 있다는 표식이 되어준다. 그래서 사람들은 틀린 것을 인정할 줄 아는 사람에게 대체로 우호적인 반응을 보이는데, 이것은 커리어를 시작하는 사람에게 큰 힘이 된다.

(SUMMARY)

---

1. 틀리지 않는 사람은 없다

　- 위대함을 인정받는 사람들은 틀린 것을 인정하고 수정하는
　　사람들이었다.

　- 틀린 것을 인정할 줄 아는 조직이 더 빨리 성공에 다다른다.

2. 틀린 것이 많으면 오히려 좋다

　- 초반에 많이 틀리고 수정할수록, 나중에 더 완성된 모습을 갖게 된다.

3. 틀린 것을 인정하는 사람에게 호의적이다

　- 사람들은 좋은 사람과 가까이하고 싶어 한다.

　- 틀린 것을 인정하는 태도는 좋은 사람이라는 인식을 주는 데
　　매우 효과적이다.

06

'왜'라는 질문 던져보기

PREVIEW

유독 호기심 많은 아이들이 있다. 그중에서도 그 호기심을 어떻게든 충족하려고 하는 아이들이 있다. 이 아이들은 어른, 특히 부모에게 많은 질문을 한다. 하늘은 왜 파란색인지, 입에서 나오는 바람이 왜 어떤 때는 차갑고 어떤 때는 따듯한지, 사람의 손가락은 왜 다섯 개인지 등을 쉴 새 없이 묻는다. 어찌나 질문이 많은지, 인내심 많은 어른도 종종 짜증을 낼 정도다.

그런데 이런 아이들도 대체로 어른이 되면서 질문이 줄어든다. 세상에 대한 정보가 많아지면 궁금한 것도 많아져야 할 텐데, 어찌 된 일인지 오히려 호기심이 줄어든다. 그리고 소위 '당연한 것'이 많아진다. 왜 그런지 생각하지 않고, 남들이 그렇다고 하는 것을 당연히 받아들이는 일이 많아진다. 그러면서 점점 '평범함'에 가까워진다.

평균에 수렴하는 것이 세상 이치라면, 평범해지는 것도 당연한 일이라고 하겠다. 하지만 커리어에서 탁월함을 보여주고 싶은 사람이라면, 평범함으로부터 멀어지려고 노력하는 것 역시 당연히 해야 할 일일 것이다. 그 시작은 바로 '왜?'라는 질문을 다시 꺼내는 것이다.

▷ 현상에 대한 '왜?'

우리는 날마다 수많은 현상을 관찰한다. 특히, 미디어를 통해 여러 사회 현상들을 보게 된다. 그때마다 '왜' 그런 현상들이 발생하는지 생각해 보자. 마블의 최근 영화들은 왜 흥행에 실패할까? 달리기나 필라테스를 하는 사람들은 왜 그 운동을 선택했을까? 직장인들이 번아웃을 겪는 시기가 왜 빨라졌을까?

'왜?'를 생각하면 본질에 접근하게 된다. 영화를 흥행시키는 본질, 운동을 선택하는 본질, 번아웃을 발생시키는 본질을 생각하게 된다. 본질을 이해하면 더 많은 사회 현상을 더 쉽게 이해할 수 있게 된다. 그리고 앞으로 다가올 현상들에 대해 더 잘 예측할 수 있게 된다.

인공지능은 왜 프로그래머의 일자리를 위협할까? 프로그래밍의 본질에 대해 생각해 보자. 프로그래밍이란 인간의 언어를 기계가 이해할 수 있는 언어로 '번역'하는 일이라고 할 수 있다. 따라서 기계가 인간의 언어를 이해할 수 있다면 프로그래머의 작업이 필요 없게 된다. 그런 면에서 프로그래머는 번역가, 통역가와 본질적으로 같은 선상에 존재한다고 볼 수 있다. 지금은 인공지능이 기존의 코드를 흉내 내고 있지만, 인공지능이 인간의 언어를 완전히 이해하게 된다면(사람보다 기획서를 잘 이해하게 된다면), python, c++ 같은 중개 언어 자체가 필요하지 않게 될 수도 있다(혹은 인공지능을 위한 새로운 중개 언어가 탄생할 수도 있다). 인간이 자연어로 주문하면 바로 프로그램이 생성되는 상황이 올 수도 있는 것이다.

▷ 행동에 대한 '왜?'

직장생활에서 빠질 수 없는 것이 사람, 혹은 인간관계이다. 그리고 인간관계의 바탕은 바로 '이해'에 있다. 이해에는 얕은 이해와 깊은 이해가 있는데, 어떤 사람과 어떤 행동을 연관 짓는 것이 '얕은 이해'이고, 그 사람이 왜 그 행동을 하는지까지 이해하는 것이 '깊은 이해'이다. 예를 들어, 어떤 팀원이 자주 지각을 한다는 것만 아는 것은 '얕은 이해'이고, 그 사람이 왜 자주 지각을 하는지 아는 것은 '깊은 이해'이다.

'깊은 이해'가 중요한 이유는 '얕은 이해'에는 왜곡이 발생하기 쉽기 때문이다. 사람들은 다른 사람의 행동을 통해 그 사람의 인성, 태도, 가치관 등을 평가한다. '얕은 이해'만 가지고 있으면, 이 과정에서 잘못된 판단을 내릴 수 있다. 예를 들어, 지각에 대한 얕은 이해만 가지고 있으면, 그 팀원을 게으른 사람, 약속을 못 지키는 사람으로 단정하기 쉬워진다. 반면, 깊은 이해가 있으면 그 사람이 게으른 사람인지, 아니면 지각을 피하기 어려운 사정이 있는지 알 수 있게 된다. 그만큼 사람을 더 정확히 판단할 수 있게 되고, 좋은 관계를 맺거나 문제를 해결하는 데도 도움이 된다.

사람을 쉽게 단정하는 것은 모두가 경계하는 일이면서, 동시에 쉽게 빠지게 되는 함정이기도 하다. 이러한 함정에 빠지지 않으려면, 다른 사람의 행동에 대해 언제나 '왜?'를 생각해 보는 습관을 가져보도록 하자.

▷ 감정에 대한 '왜?'

사람에게 감정은 무척 소중하다. 기쁨도, 슬픔도, 분노도 모두 나를 위해 존재하는 감정이다. 하지만 인간관계에서는 간혹 이 감정이 문제가 되기도 한다. 특히 각자의 이익을 추구하는 직장생활에서는 종종 갈등을 키우는 원인이 된다.

감정은 무의식과 연관되어 있다. 그래서 감정을 불러일으키는 원인이 모호하거나, 심지어 왜곡되는 경우도 있다. 소위 '엉뚱한 곳에 화풀이'하는 경우가 발생할 수 있는 것이다. 따라서 부정적인 감정이 느껴질 때는 '왜' 그런 감정이 느껴지는지 이성적으로 생각해 볼 필요가 있다. 출근길에 있었던 불쾌한 사건 때문에 짜증이 났을 수도 있고, 잠을 충분히 자지 못해서 외부 자극에 더 예민한 상태일 수도 있다. 그래서 바로 지금, 평소라면 웃고 넘어갔을 일에 뭐라고 한마디하고 싶은 충동이 강하게 일어나고 있는 것일 수 있다.

감정이 시키는 대로 한마디한다면, 동료와 갈등이 불거질 수 있다. 하지만 조금 여유를 갖고 지금 왜 그런 감정과 충동이 일어나는지 살펴본다면, 많은 경우 필요 없는 감정싸움을 피할 수 있다. 사람은 감정의 지배를 받는 만큼 감정적인 충돌은 앙금이 남기도 쉽다. 따라서 불필요한 감정 충돌은 최대한 피하는 것이 좋은데, 자신에게 발생하는 감정에 '왜?'를 던지는 것만으로도 어느 정도 도움이 된다.

▷ 작업에 대한 '왜?'

자신이 하는 일에 '왜?'를 던지는 것은 무척 중요하다. '왜?'를 생각하면, 더 많은 정보를 찾게 되고, 그만큼 지식의 범위가 넓어진다. 특히 신입의 경우, 주어진 일을 수행하는 것에만 몰입하면 배움의 크기가 작을 수밖에 없다. 신입에게 주어지는 일 자체가 제한적이기 때문이다. 하지만 '왜?'를 생각하면, 그 일의 주변까지 학습하게 되고, 점차 일의 핵심적인 부분까지 접근하게 된다.

예를 들어, 어떤 신입 프로그래머에게 단순한 UI 구현 작업이 주어졌다고 생각해 보자. 자신에게 주어진 작업에만 몰입하면, 그 프로그래머는 팝업, 버튼, 스크롤을 구현하는 지식만 습득하고 말 것이다. 하지만 '왜 팝업이 3초 뒤에 자동으로 사라져야 하지?', '왜 버튼에 글자 대신 그림으로 표현했지?' 같은 것을 생각하면, UX 개념이나 다국어 적용 같은 쪽으로 지식이 확장되게 된다.

게다가 '왜?'를 생각하면, 습관처럼 하던 작업에도 새로운

자동 회사 습관

아이디어를 적용해 볼 수 있게 된다. '왜 디펜스 게임은 방어만 해야 하지?'라는 생각을 하면, 디펜스 게임에 공격적 요소를 넣는 실험을 할 수 있게 된다. 이러한 새로운 아이디어나 시도는 조직이 신입에게 종종 기대하는 부분이기도 하기 때문에, 다른 사람들이 당연히 하는 작업에도 '왜?'를 던져보는 것이 필요하다.

['왜?'의 효과와 예시]

분류	효과	예시
현상에 대한 '왜?'	– 현상에 '왜?'를 던지면 본질에 접근할 수 있다. – 본질을 이해하면 더 많은 현상을 이해할 수 있고, 미래를 상상할 수 있게 된다.	– 왜 마블은 '엔드 게임' 이후에 쉽게 성공하지 못할까? – 왜 필라테스가 유행할까? – 왜 30대에도 번아웃을 겪는 걸까?
행동에 대한 '왜?'	– 행동에 '왜?'를 던지면 '깊은 이해'로 이끌어 준다. – '깊은 이해'는 좋은 관계를 맺는 데 도움이 되고, 사람을 속단하지 않게 만들어 준다.	– 왜 김대리는 매일 지각을 하는 걸까? – 왜 철수님은 혼자 밥을 먹는 걸까? – 왜 우리 신입사원은 이어폰을 끼고 일하는 걸까?
감정에 대한 '왜?'	– 감정은 때때로 잘못된 대상을 향할 수 있다. – 내 감정의 원인을 살핌으로써, 불필요한 감정 충돌을 피할 수 있다.	– 왜 내 작업에 관한 피드백이 불편하게 느껴질까? – 왜 동료의 일하는 방식이 마음에 들지 않는 걸까? – 왜 일이 재미없게 느껴질까?
작업에 대한 '왜?'	– '왜?'를 생각함으로써, 작업의 주변으로 지식과 통찰을 확장할 수 있다. – 습관처럼 하던 작업에서 새로운 아이디어를 발굴해 낼 수도 있다.	– 왜 3초 뒤에 팝업이 사라지게 해야 할까? – 왜 버튼에 글자를 안 쓰고 그림으로 표현할까? – 왜 디펜스 게임은 방어만 해야 할까?

SUMMARY

---

1. 현상에 대한 '왜?'

　- 여러 사회 현상들을 볼 때마다 '왜' 그런 현상들이 발생하는지
　　생각하면 본질에 접근하게 된다.

2. 행동에 대한 '왜?'

　- 다른 사람이 '왜' 그런 행동을 하는지 생각해 보면서 그 사람을 깊이
　　이해하게 된다.

3. 감정에 대한 '왜?'

　- 부정적인 감정이 들 때 그 이유를 생각하면 불필요한 감정 충돌을
　　피할 수 있다.

4. 작업에 대한 '왜?'

　- 일을 하면서 '왜'라는 질문을 던지는 사이에 더 많은 정보를 찾게 되고,
　　그만큼 지식의 범위가 넓어진다.

　　　　　　　　　　　　　　　　　　　　　자동 회사 습관

스마트하게 질문하기

PREVIEW

커리어를 시작하기 전에 실용적인 지식을 많이 습득했다고 하더라도, 막상 직장생활을 시작하면 새로 배워야 할 것이 매우 많다. 그 많은 것을 혼자 알아서 습득하려고 하면 어렵기도 하고 시간도 오래 걸린다. 그래서 질문을 통해, 이미 많은 것을 알고 있는 사람들에게 적극적으로 배우려는 시도가 필요하다. 그런데 질문하는 것 자체를 부담스러워하는 사람들이 있다. 질문도 '부탁'의 일종이다 보니, 부탁을 어려워하는 사람들이 특히 질문도 어려워하는 것 같다.

한번 입장을 바꿔 생각해 보자. 나는 경력이 5년쯤 되는 사람이고, 얼마 전 팀에 경력이 전혀 없는 신입사원이 들어왔다. 그럴 때, 나는 그 신입사원에게 어떤 것을 바라게 될까? 사람마다 다르겠지만, 아마 많은 사람은 그 사원이 빨리 일에 적응해서 좋은 퍼포먼스를 보여주기를 바랄 것이다. 그래야 팀의 역량과 성과가 더 높아질 테니 말이다. 특히 팀의 리더 역할을 하는 사람은 더욱 그럴 것이다.

커리어를 처음 시작한 사람이 일을 바로 잘할 거라고 생각하는 사람은 별로 없다. 신입사원이 들어오면 업무에 미숙할 것이라고 생각하는 것이 보통이다. 다만, '빨리 성장해서' 일을 잘하게 되는 것을 기대한다. 따라서 더 알려고 하고 더 잘하려고 하는 신입사원의 모습이야말로 기존 구성원들이 좋게 보는 모습이라고 할 수 있다. 그것을 나타내는 대표적인 행동이 바로 '질문'이다. 그렇다고 시시한 질문을 아무렇게나 던지는 것은 좋지 않다. 잘못하면 오히려 생각이 얕은 사람, 노력이 부족한 사람으로 보일 수 있다. 따라서 질문 내용이나 질문 태도에 대해서 주의가 조금 필요하다. 그렇다면 어떤 질문을 어떻게 해야 좋을까?

▷ 질문의 내용

일단 가장 좋은 질문은 내가 해야 할 업무와 관련된 질문일 것이다. 기존의 구성원들이 바라는 것은 내가 빨리 내 업무를 온전히 수행하는 것이기 때문에, 그와 관련된 질문은 대체로 환영받는다. 다음으로 성장과 관련된 질문도 대체로 환영받는다. 내가 더 빨리 성장하는 데 필요한 것들에 대해 알고 싶어 하면 많은 사람이 친절하게 알려줄 것이다. 그리고 조직에 잘 적응하기 위한 질문도 좋다. 내가 조직의 구성원으로 잘 융화되는 것도 기존의 구성원들이 희망하는 것 중 하나이기 때문이다.

다른 구성원이 하고 있는 업무에 대한 질문도 좋은 질문에 속한다. 커리어를 처음 시작할 때는 아직 시야가 넓지 않을 가능성이 높은데, 다른 구성원의 업무를 이해하면 시야가 팀 전체로 넓어진다. 그리고 이런 방식으로, 팀을 넘어서 더 넓은 범위로 시야를 넓혀갈 수도 있다. 게다가 자신이 하는 일에 대해 설명하는 것을 좋아하는 사람들이 꽤 많다.

   자동 회사 습관

다른 사람에게 무언가를 배웠을 때, 배운 것을 되묻는 질문도 좋은 질문에 속한다. 그 질문을 통해 내가 배운 것을 확인할 수도 있고, 상대방에게 '경청하고 있다'는 인상을 주어 관계에도 도움이 된다. 그리고 가끔은 이렇게 되묻는 질문을 통해 더 깊고 넓은 영역으로 코칭이 확장되기도 한다.

어떤 질문을 하든, 그 내용은 구체적일수록 좋다. 질문이 구체적일수록 답변이 쉬워지고, 그만큼 답변하는 사람의 피로도는 낮아진다. 그리고 질문이 구체적일수록 깊이 생각하고 질문한 것 같은 인상도 줄 수 있다. 실제로 깊이 생각할수록 구체적인 질문을 만들 수 있기도 하다. 한 가지 주의할 것은, 구체적인 것과 장황한 것은 다르다는 것이다. 길게 질문하라는 의미가 아니라 간결하면서도 모호하지 않은 질문을 던지는 것이 좋다는 것이다. 그런 연습을 해야 한다.

[질문의 예시]

분류	예시
업무를 잘하기 위한 질문	우리 회사에서 기획서를 작성할 때 많이 사용하는 양식이 있나요?
성장을 위한 질문	알고리즘 프로그래밍 공부를 하고 싶은데 추천해 주실 책이나 영상이 있을까요?
조직에 적응하기 위한 질문	사업팀과 커뮤니케이션할 때 이메일을 보내는 게 좋을까요? 직접 찾아가서 이야기하는 게 좋을까요?
동료의 업무에 관한 질문	요즘 많이 사용되는 마케팅 채널은 어떤 건가요? 인터넷 배너 광고를 여전히 많이 쓰나요?
배운 것을 되묻는 질문	클래스 단위로 프로그래밍을 해야 유지보수하기 편하다는 말씀이시죠?

▷ 질문할 때의 태도

　제일 먼저 권장하고 싶은 것은, 질문하기 전에 "궁금한 것이 있는데, 여쭈어 봐도 될까요?"하고 물어보는 것이다. 질문도 부탁의 일종이라고 보면, 갑자기 질문을 던지는 것은 갑자기 무언가를 해달라고 부탁하는 것과 같다. 그보다는 상대방에게 질문해도 될지 먼저 물어보는 것이 상대방을 더 존중하는 느낌도 들고, 상대방이 내 질문에 집중하게 하는 데도 효과적일 것이다.

　다음으로는 스스로 답을 찾아보는 태도를 들 수 있다. 너무 상식적인 질문은 안 좋게 받아들이는 사람들이 있는데, 노력은 하지 않고 다른 사람을 귀찮게 해서 쉽게 해결하려는 인상을 받기 때문이다. 같은 질문이라도 "제 생각은 이런데", 혹은 "제가 알아보니 이렇던데"와 같은 말이 포함되면, 질문받는 사람이 좀 더 좋은 감정으로 질문에 대응하게 된다. 그것이 아주 상식적인 질문이더라도 말이다. 게다가 답을 줄 수 있는 사람이 언제나 주변에 있는 것은 아니기 때문에, 스스로 답을 찾는 훈련 자체도 꼭 필요하다고 할 수 있다.

　때를 가려서 질문하는 것도 중요하다. 빨리 해결해야 하는 문제가 생겨서 옆에 있는 구성원에게 물어보는 것은 나쁘지 않은 일이다. 하지만 나중에 해도 될 질문으로 옆 사람의 몰입을 방해하는 것은 좋지 않다. 중요한 일에 몰입하고 있는데 누군가가 중요하지 않은 이유로 몰입을 방해하면, 부정적인 감정이 쉽게 조성되고 시간도 낭비하게 되기 때문이다. 스트레스를 받는 상황이거나 기분이 안 좋아 보이는 상황 등도 피하는 것이 좋다.

마지막으로, 질문에 답변을 받았을 때는 늘 감사의 표현을 잊지 말아야 한다. 상대방은 자기 시간을 들여 나의 부탁을 들어준 것이다. 따라서 그에 대한 감사를 표현할 필요가 있다. 감사는 답변이라는 상대방의 행동에 대한 긍정적인 피드백으로 상대방에게 만족감을 준다. 그로 인해 상대방은 나의 다음번 질문에도 친절하게 답변해 줄 마음이 생길 것이다.

▷ 스스로에게 던지는 질문

다른 사람에게 던지는 질문도 중요하지만, 자신에게 던지는 질문도 무척 중요하다. 생각을 정리할 때, 질문이 있는 상태에서 정리하는 것과 없는 상태에서 정리하는 것은 큰 차이가 난다. 질문은 생각의 방향을 정해주고, 생각의 결과를 평가해 준다. 그래서 질문을 먼저 던지고 생각하면, 생각에 일관성이 생기고 좋은 결과물을 만들어 내게 된다.

평소의 생각을 정리할 때도 도움이 되지만, 문서를 작성할 때나 문제를 분석할 때도 매우 도움이 된다. 문서의 내용을 채우거나 문제의 해답을 찾으려고 하다 보면, 생각이 진행되지 않고 막막함에 빠지는 경우가 있다. 그럴 때, 내가 대답해야 하는 질문들을 나열하고 그에 대해 하나씩 답을 하다 보면, 문서의 내용이 채워지고 문제의 해답이 찾아질 수 있다.

자신에 대해 잘 인식하는 데도 질문이 도움 된다. 자기 자신에 대해 완벽하게 잘 아는 사람은 드물다. 모르는 부분도 있고, 잘못 이해하고 있는 부분도 있다. 그래서 스스로에게 질문을 던지면 생각지도 못했던 답이 나올 때도 있고, 답을 하지 못할 때도 있다. 그런 과정을 통해 자신에 대한 이해를 수정해 나갈 수 있고, 그만큼 자신을 더 잘 이해할 수 있게 된다.

[스스로에게 던지는 질문]

분류	예시
생각을 정리하는 질문	- 내가 해야 하는 일 중에서 가장 급하고 중요한 일이 무엇이지? - 서버에 문제가 생기면 누구에게 문의해야 하지?
문제를 분석하는 질문	- 이 프로그램은 완전무결해야 하나? 아니면 가끔 오류가 있어도 괜찮은가? - 고객이 우리 게임을 오래 이용하도록 만들려면 첫 방문 시 무엇을 보여주어야 하지?
자신을 인식하는 질문	- 나는 지금 하고 있는 일에 잘 몰입하고 있나? - 내가 가장 스트레스를 받는 요소가 무엇일까?

자동 회사 습관

SUMMARY

1. 질문의 내용

- 업무, 성장, 조직과 관련된 질문은 대체로 좋은 질문이다.

- 다른 구성원이 하고 있는 업무에 대한 질문은 시야를 넓혀준다.

- 무언가를 배웠을 때 그것을 되묻는 질문은 학습에 도움이 된다.

- 질문은 간결하면서 구체적인 것이 좋다.

2. 질문할 때의 태도

- 질문해도 될지 먼저 물어보자.

- 스스로 답을 찾는 노력을 해보고 질문하자.

- 질문해도 될 상황인지 살피자.

- 답변을 받았을 때는 감사의 표현을 하자.

3. 스스로에게 던지는 질문

- 스스로에게 던지는 질문은 생각을 정리하는 데 도움을 준다.

- 문서를 작성하거나 문제를 분석할 때도 질문을 먼저 나열해 보면 좋다.

- 자신에게 질문을 던짐으로써 자신을 더 잘 이해할 수 있게 된다.

08

어떤 습관이
좋을까?

PREVIEW

성공을 위해서 지식과 기술을 쌓고 연마하는 것은 물론 중요하다. 하지만 좋은 습관만큼 사람을 성공으로 이끌어 주는 것도 드문 듯하다. 인생은 반복적인 행동과 사건으로 구성되는데, 습관은 그런 반복의 질을 높여주기 때문이다. 게다가 지식과 기술은 시간이 지나면 의미가 작아지는 경우가 있는데, 좋은 습관은 인생 전체에 걸쳐 계속 의미 있는 가치를 만들어 준다.

그렇다면 어떤 습관이 커리어에 좀 더 도움이 되는 습관일까? 습관에도 분명 좋은 습관과 나쁜 습관이 있고, 좋은 습관 중에서도 더 도움이 되는 것과 덜 도움이 되는 것이 있을 것이다. 사람과 상황에 따라 조금씩 달라지기는 하겠지만, 그래도 일반적으로 좋다고 생각되는 습관들에 대해 이야기하고자 한다.

자동 회사 습관

▷ 책 읽기

사람이 혼자서 세상에서 일어나는 일을 다 겪어볼 수는 없다. 오히려 직접 겪을 수 있는 일은 아주 적은 부분일 것이다. 다른 사람의 경험과 인식을 살피지 않고서 제대로 된 통찰을 얻기란 거의 불가능한 일이다. 그리고 다른 사람의 경험과 인식을 살피는 데 아주 좋은 도구가 바로 책이다.

책을 쓰는 것은 어렵다. 얕은 통찰만으로 한 권의 책을 완성하는 것은 쉽지 않은 일이다. 그보다는 평생의 경험과 오랜 고민이 한 권의 책으로 응축되는 경우가 많다. 따라서 한 권의 책을 읽는 독자는 몇 시간의 투자만으로 저자의 오랜 경험과 고민을 살펴볼 수 있게 된다. 요즘은 책보다 영상으로 정보를 습득하는 사람이 많은데, 영상은 핵심 정보만 요약하는 경우가 많다. 그래서 다양한 정보를 습득하기에는 좋지만, 깊이 있는 사고를 하기에는 부족한 면이 있다.

책을 읽는 것이 좋기는 하지만, 그렇다고 꼭 많은 양의 책을 읽어야 하는 것은 아니다. 사실 여러 권의 책을 읽는 것보다는, 좋은 책을 여러 번 읽는 것이 좀 더 도움이 된다고 생각한다. 단순히 책을 읽는 행위가 중요한 것이 아니라 그로부터 나에게 필요한 통찰을 얻는 것이 더 중요하기 때문에, 자신에게 도움이 되는 내용의 책이라고 생각되면 한두 번 더 읽어서 그 내용을 확실히 이해하는 편이 좋을 것이다.

[신입사원에게 추천하고 싶은 책들]

- 데일 카네기, 『인간관계론』

- 로버트 치알디니, 『설득의 심리학』

- 이나모리 가즈오, 『왜 일하는가』

- 데루야 하나코, 『로지컬 씽킹』

▷ 밝고 희망적인 이야기 하기

고 정채봉 선생님의 강연에서 "좋은 소식을 전하는 사람이 돼라"는 말을 들은 적이 있다. 무척 인상적인 말이었다. 나쁜 소식은 어차피 그런 이야기를 하기 좋아하는 사람들이 다 전할 테니 굳이 내가 전할 필요가 없다는 내용이었다. 그리고 좋은 소식을 전하다 보면 나에 대한 인식도 좋아진다는 이야기였다. 나중에 심리학에서도 비슷한 내용을 봤다. 전파하는 내용이 어떤 내용인가에 따라 그것을 전파하는 메신저에 대한 인식도 영향을 받는다는 내용이었다.

직장생활을 하다 보면 사람들과 많은 대화를 나누게 된다. 그중에는 나쁜 소식을 전하는 데 열심인 사람들이 있다. 나쁜 소식일수록 관심을 끌기가 쉽기 때문이다. 마치 나쁜 뉴스가 더 잘 전파되는 것과 같다. 이런 나쁜 소식은 주변에 사람들이 모여들게 만들지만, 동시에 그 소식을 전하는 사람에 대해 좋지 않은 인식이 은연중에 쌓이게 된다. 반대로 밝고 희망적인 이야기만 하는 사람에 대해서는 좋은 인식이 쌓이고, 사람들은 그 사람 옆에 있는 것을 편하게 생각한다.

험담을 좋아하는 사람은 내가 없는 곳에서 내 험담을 하고 있을 가능성이 있다. 반대로, 칭찬에 후한 사람은 어딘가에서 나를 칭찬하고 있을지도 모른다. 이것을 뒤집어 생각하면, 내가 평소에 어떤 종류의 이야기를 하는 사람인가에 따라 나에 대한 사람들의 인식이 달라진다는 것을 이해할 수 있을 것이다.

▷ 글 쓰기

글 쓰는 것을 귀찮아하는 사람들이 많다. 기획처럼 글을 많이 써야 하는 직군이 아닌 경우에 더 그런 것 같다. 그중에는 글을 쓰는 것이 자신에게 그다지 도움 되는 일이 아니라고 생각하는 사람들도 있다. 그러나 글을 쓰는 훈련은 단순히 글을 잘 쓰게 되는 효과만 있는 것이 아니다. 글을 잘 작성하게 되는 것 이외에도 도움 되는 요소들이 있다.

사람들은 말을 조리 있게 하는 사람을 보면서 똑똑하다는 인상을 받게 된다. 말을 조리 있게 한다는 것은 곧 말을 논리적으로 한다는 것이다. 글은 바로 이 '조리 있는 말', 혹은 '논리적인 말'을 연습하는 데 도움이 된다. 말은 한번 내뱉으면 공기 중으로 사라진다. 기억 속에 내가 했던 말이 남아 있기는 하지만 정확히 기억할 수 있는 양이 많지는 않다. 따라서 말로써 말을 연습하는 것은 효율이 그다지 높지 않다. 반면, 글은 정확히 그 내용을 보존하고 있기 때문에, 말을 연습하기에 더없이 좋은 도구가 된다. 내가 작성한 글을 다시 보면서 다듬는 것을 반복하다 보면 글을 조리 있게 쓰게 되고, 이는 조리 있게 말하는 것으로 이어진다.

글이 좋은 또 하나의 이유는 내가 아는 것과 모르는 것을 명확히 해주는 데 있다. 사람은 어떤 대상에 대해 어느 정도는 알고 어느 정도는 모를 때가 많다. 그것이 기억 속에서는 명확히 정리되지 않기 때문에 자신이 무엇을 알고 있고, 무엇을 모르고 있는지조차 정확히 인식하기가 어렵다. 그런데 자신이 안다고 생각하는 것을 글로 쓰다 보면, 자신이 무엇을 제대로 알고 있고, 무엇을 잘 모르고 있는지가 분명해진다. 이는 무엇을 학습해야 하는지에 대해 좋은 지침이 되고, 결과적으로 성장의 속도를 높여준다.

[글쓰기 연습 예시]

쓰는 연습을 하는 것이므로 주제가 무엇이든 상관없다.

- '밸런스 게임 질문'을 검색하여, 질문에 답하고 그 근거를 글로 작성해 보자.

- AI에게 '너는 취업준비생이야. 직장인 1년 차인 나에게 직장생활에 관해 5가지 물어봐'라고 한 후, 각 질문에 대한 답을 글로 작성해 보자.

- 학창 시절의 재밌었던 추억을 글로 작성해 보자.

▷ 업계 소식 살피기

지금처럼 평생직장의 개념이 사라진 상황에서는, 회사에서의 나의 가치보다 업계에서의 나의 가치가 더 중요하다. 당장 회사에서 할 일이 있다고 해서 나의 안전이 보장되지는 않는다. 그 일이 필요 없는 일이 될 수도 있고, 회사가 더 이상 나를 고용할 여유를 갖지 못할 수도 있다. 이 외에도 여러 가지 이유로 언제든 새로 일자리를 구해야 할 상황에 놓일 수 있다. 안전이란 결국, 어떤 상황에서도 일자리를 구할 수 있을 때 얻어지는 것이고, 그러기 위해서는 회사가 아니라 업계에 필요한 사람이 되어야 한다.

업계에 필요한 사람이 되려면 당연히 업계의 상황을 잘 알고 있어야 한다. 그리고 업계의 상황을 잘 알려면 회사로부터 얻는 정보 이외에 스스로 여러 통로를 통해 소식을 수집해야 한다. 지인을 통해 얻을 수도 있고, 보도자료를 자주 읽어보는 것도 도움이 될 것이다.

커리어에서 매우 위험한 것 중 하나가 우물 안 개구리가 되는 것이다. 보통 이직이 자리를 지키는 것보다 더 어렵기 때문에, 지금 있는 자리가 따뜻하다고 안주하게 되면 금방 오갈 곳 없는 처지가 될 수 있다. 늘 업계 상황에 귀 기울이고, 언제든 이직이 가능한 상태를 만들기 위해 무엇을 해야 할지 생각하고 있을 필요가 있다.

[업계 소식을 수집하는 방법]

- 업계와 관련한 보도자료를 검색한다. AI 검색을 이용해도 되지만, AI가 요약해 준 것을 읽기보다 출처를 들어가서 보도자료 원문을 직접 읽자. AI는 잘못된 정보를 줄 수 있다.
- 채용 공고를 둘러본다. 어떤 직무가 많이 채용되는지, 내가 하고 있는 일에서 요구되는 역량이 무엇인지, 어떤 회사가 활발하게 사람을 모집하고 있는지 등을 알 수 있다.
- 경력자와 이야기를 나눈다. 경력자들은 이미 많은 것을 알고 있기 때문에 얻을 수 있는 정보가 많다. 특히 여러 회사를 다녀본 경력자에게서는 더 그렇다.

▷ 다른 사람의 이야기 듣기

조직에서는 다른 사람과의 관계가 중요하다. 아무리 일을 잘하는 사람이라도, 다른 사람과의 관계가 좋지 못하면 중요한 역할을 맡기지 않는 경우가 많다. 관계를 좋게 만드는 손쉬운 방법 중 하나가 바로 다른 사람의 이야기를 많이 듣는 것이다.

이야기하기를 좋아하는 사람이 많이 있다. 평소에 조용한 사람 중에도, 자신이 관심 두는 주제에 대해서는 많은 이야기를 풀어내는 이들이 있다. 그런 사람들에게 가장 필요한 것은 자신의 이야기를 들어줄 사람이다. 사람은 공통의 관심사를 가진 사람에게 호의적인 태도를 보이게 되는데, 이야기를 잘 듣는 태도

자동 회사 습관

는 곧 관심이 있다는 것으로 해석되므로 좋은 관계 형성에 큰 도움이 된다.

다른 사람의 이야기를 많이 듣다 보면, 다양한 시각과 해석을 접할 수 있다는 장점도 있다. 사람들은 다양한 경험과 신념을 가지고 있어서 같은 사건에 대해서도 서로 다른 생각을 갖게 되는데, 다른 사람의 이야기를 많이 들으면 자신이 미처 생각하지 못했던 시각을 많이 알 수 있게 된다. 다양한 시각과 해석을 이해할 수 있는 것은 커리어에 걸쳐 큰 장점이 된다.

(SUMMARY)

1. 책 읽기

- 책은 깊이 있는 사고를 도와준다.

- 좋은 책이 있다면 여러 번 읽어서 확실히 이해하자.

2. 밝고 희망적인 이야기 하기

- 나쁜 이야기는 내가 전하지 않더라도 잘 전파된다.

- 내가 하는 이야기가 나에 대한 사람들의 인식에 영향을 미친다.

3. 글 쓰기

- 조리 있게 말하는 연습에 글이 도움이 된다.

- 내가 아는 것을 글로 써보면 무엇을 알고 무엇을 모르는지
  정확히 알게 된다.

4. 업계 소식 살피기

- 우물 안 개구리가 되는 것이 커리어에 가장 위험하다.

- 항상 이직이 가능한 상태를 유지하는 것이 좋다.

5. 다른 사람의 이야기 듣기

- 사람들은 자신의 이야기를 들어주는 사람에게 호의적인 편이다.

- 다른 사람들의 다양한 시각과 해석을 이해하는 것은 커리어에
  큰 도움이 된다.

자동 회사 습관

09

협업을 대하는 자세

PREVIEW

유발 하라리는 저서 『사피엔스』에서, 호모 사피엔스가 지구를 점령하고 문명을 발전시킬 수 있었던 근원으로 '대규모 조직을 구성하는 능력'을 꼽았다. 눈에 보이지 않는 어떤 개념에 대해 공통의 믿음을 만들어 내고, 그 믿음을 기반으로 수만 명 이상의 구성원을 가진 대규모 조직을 만들어 냈으며, 그 조직을 이용하여 거대한 사업을 추진할 수 있었던 것이 인류가 비교적 짧은 기간에 눈부신 발전을 이루어 낸 원동력이었다.

사람들이 조직을 구성하는 이유는, 이처럼 개인으로서는 이룰 수 없는 커다란 성과를 조직을 통해 이루어 낼 수 있기 때문이다. 이를 뒤집어 보면, 커다란 성과를 이루기 위해서는 다른 사람과 함께 일하는 역량이 중요한 요소라고 말할 수 있다. 아무리 개인 역량이 뛰어난 사람도 다른 사람과 잘 협업하지 못하면 좋은 구성원이 될 수 없다. 반대로, 개인 역량이 특출나지 않더라도 협업 역량이 좋다면 조직에 크게 기여할 수 있다. 그렇다면, 과연 어떤 자세로 협업에 임해야 좋은 협업이 이루어지고, 다른 사람들에게 좋은 협력자로 인식될 수 있을까?

⮞ 성의를 다하라

보통 연말이면 개개인의 성과와 역량에 대한 평가가 이루어진다. 이때, 그 사람과 같이 일했던 사람들로부터 동료 평가가 진행되기도 한다. 동료 평가의 내용을 보면, 같은 직무를 가진 사람들의 경우 전문적인 영역을 놓고 평가하는 경우가 많다. 하지만 다른 직무를 가진 사람들의 경우는 평가 내용이 조금 다르다. 예를 들어, 기획자가 같이 일했던 프로그래머를 평가할 때 프로그래머의 전문성에 대해 평가하는 것을 보기는 쉽지 않다. 그보다는, 그 프로그래머가 협업 시 어떤 태도를 보여주었는지에 대해 이야기하는 경우가 많다. 이는, 기획자가 프로그래밍에 대해 깊이 이해하지 못하고 있기 때문이기도 하지만, 다른 직무를 맡은 사람에게는 협업하는 사람의 태도가 실제로 중요하게 여겨지기 때문이기도 하다.

학교 다닐 때 다른 학생과 함께 과제를 해본 사람은, 다른 학생이 과제에 진지하게 임할 때와 불성실하게 임할 때의 차이를 잘 이해할 것이다. 업무를 같이 진행하는 사람이 업무에 좋은 태도로 임하는 것만큼 도움이 되는 것도 없다. 반대로 업무를 대하는 태도가 안 좋은 사람과 일하는 것은 엄청난 스트레스로 다가오고, 좋은 성과를 만들어 내기도 어렵다. 그러니 좋은 협력자가 되기 위해서는 가장 먼저, 같이 하는 일에 성실하게 임하는 것이 중요하다.

▷ 존중하라

사람 사이에 벌어지는 일에서 '존중'은 아주 기본적인 요소다. 그런데 직장생활을 하다 보면 기본적인 요소인 '존중'이 지켜지지 않는 것을 종종 목격하게 된다. 특히 직장을 정글로 보고, 동료를 경쟁자로 보는 사람들에게서 상대방을 존중하지 않는 모습을 자주 발견할 수 있다.

사람은 누구나 존중받고 싶어 한다. 남을 존중하지 않는 사람조차 스스로는 존중받기를 원한다. 다른 사람을 존중하지 않고서는 좋은 협력관계를 구축하기 어렵다. 그런데 이러한 상대방에 대한 존중이 내 마음속에만 존재해서는 좋은 협력 관계를 구축하는 데 아무런 도움이 되지 않는다. 당연히 상대방을 존중하고 있다는 것을 상대방도 알 수 있어야 좋은 협력 관계가 구축될 것이다.

따라서 기회가 있을 때마다 상대방에 대한 존중을 표현할 필요가 있다. 함께 일하면서 상대방의 의견에 공감해 주고, 상대방의 노력과 성과에 적절한 칭찬과 감사를 표현하는 것이 좋다. 상대방의 의견에 동의하지 않더라도, 공격적인 입장보다는 더 좋은 의견을 찾아보자는 태도로 접근하면 좋을 것이다. 그리고 혹시 상대방이 어떤 요청이나 질문을 하면, 그 요청과 질문에 성의껏 대응해 주자.

존중은 커다란 한 방이 아니라, 조금씩 자주 보여줄 때 더 효과가 있다는 것을 기억해야 한다.

    좋은 태도를 보여주는 것도 좋지만, 실제로 진행되는 일을 통해 상대방에게 신뢰를 주는 것도 매우 중요하다. 어쨌든 일을 위해 함께하는 것이니 서로가 상대방이 하는 일을 올바르게 이해하는 것이 필요하다. 잘 진행되는 줄 알았는데, 나중에 알고 보니 내가 알고 있는 것과 다르게 진행되고 있었다면 아마 무척 당황스러울 것이다.

    사람이 주고받는 말은 '표현'과 '의미'로 이루어진다. '소리'와 '뜻'으로 나눌 수도 있을 것이다. 이때 '표현'은 말하는 사람이나 듣는 사람이나 거의 동일하게 인식한다. 하지만 '의미'는 이야기가 다르다. 같은 표현을 말하고 들었더라도, 말한 사람의 '의미'와 듣는 사람의 '의미'는 다를 수 있다. 말의 '의미'에는 글자가 나타내는 것 이외의 것이 섞여 들어가기 때문이다. 선입견

[같은 표현을 다르게 생각하는 예시]

말	생각
"우리 캐릭터는 귀여운 콘셉트로 갑시다."	기획자: 연예인 '츄'처럼 '귀여운 행동'을 하는 6등신, 7등신 캐릭터가 되겠군.
	아티스트: 2등신이나 3등신의 '귀여운 외양'을 가진 캐릭터를 그리면 되겠네.
"금요일까지 전달해 주세요."	말하는 사람: 금요일이 '되기 전'에 주겠지. 금요일에 받아서 처리하면 되겠다.
	듣는 사람: 금요일이 '끝나기 전'에 달라는 말이군. 금요일 퇴근 전에 주면 되겠다.

이나 경험 같은 것들이 영향을 미친다.

따라서 어떤 말을 한 후에, 그 의미가 잘 전달되었는지 확인하는 것이 좋다. 단 한 번이라도 확인하는 과정을 거친다면, 서로가 가지고 있는 이해의 간극은 크게 줄어들 것이다. 그리고 이해가 일치하는 만큼, 협업은 더 수월하게 이루어질 것이다.

▷ 투명하게 하라

게임 제작을 총괄하는 역할을 하면서 프로그래밍, 기획, 아트를 담당하는 사람들과 개별적으로 이야기를 나누다 보면, 서로가 하고 있는 일을 잘 이해하지 못하고 있는 것을 많이 발견하게 된다. 그것이 어떤 때는 오해로 이어지고, 오해가 쌓여서 충돌이 일어나기도 한다.

군대를 예로 들면, 대부분 자기가 가장 힘들게 군 생활을 했다고 이야기한다. 그래서 '가장 힘든 부대는 자신이 근무한 부대'라는 말도 농담처럼 한다. 이것은 우리가 자신에게는 후하고 타인에게는 엄격한 경향 때문이기도 하지만, 자신이 경험한 어려움은 잘 아는 반면에 다른 사람이 경험한 어려움은 잘 모르기 때문이기도 하다. 무엇이 힘든지 모르고서는 그 직무의 고단함에 공감하기 어려울 것이다. 일을 할 때도 마찬가지여서, 다른 사람의 직무를 충분히 알지 못하면 그 사람의 일이나 행동을 이해하고 공감하기가 쉽지 않다.

따라서 다른 사람의 일을 이해하려고 하는 동시에, 자신이 하는 일을 투명하게 알려주는 것이 중요하다. 서로가 서로의 일을 잘 이해하고 있으면 오해가 줄고, 좋은 협력 관계가 성립되는 기반이 될 것이다.

▷ 도움을 요청하라

타인에게 도움을 요청하는 것을 힘들어하는 사람이 있다. 자신이 잘 모른다는 사실을 드러내기 꺼리는 사람도 있고, 다른 사람에게 일거리를 만들어 주는 것에 대해 부담을 느끼는 사람도 있다. 단순히 혼자 일하는 것을 편하게 생각하는 사람도 있다. 하지만 조직이라는 것은 애초에 함께 일하기 위해 형성된 것이다. 어떤 사람의 어려움을 다른 사람이 도와줄 수 있을 때, 함께 일하는 것의 진정한 힘이 발휘된다.

조직은 자기 일에만 관심을 갖는 사람보다, 다른 사람의 일에도 관심을 갖고 좋은 영향을 미치려고 하는 사람을 좋아한다. 그런 사람들이 많을 때, 조직의 전체적인 역량이 올라가고 높은 성과를 낼 수 있기 때문이다. 따라서 다른 사람을 도와줄 기회는 곧, 그 사람이 조직에 크게 기여할 수 있다는 것을 보여줄 기회이기도 하다.

그러니 다른 사람이 자신의 가치를 보여줄 기회를, 부끄러움이나 부담 때문에 박탈하지는 말자. 대신 그 사람의 도움에

  자동 회사 습관

대해 충분히 감사를 표현하자. 그러면 해당 업무를 통해 두 사람 모두에게 좋은 결과를 만들어 낼 수 있을 것이고, 좋은 협력 관계도 구축될 것이다.

1. 함께 하는 일에 성의를 다하라.

- 같이 하는 일에 성의를 다하는 것만큼 동료를 편안하게 하는 것은 없다.
- 다른 직무의 사람을 평가할 때는 업무를 대하는 태도를 많이 보게 된다.

2. 상대방을 존중하라.

- 상대방에 대한 존중은 좋은 협력 관계의 기본이 된다.
- 가능할 때마다 자주 존중을 표현하는 것이 필요하다.

3. 서로 잘 이해하고 있는지 확인하라.

- 주고받는 말의 '표현'은 같아도 '의미'는 다를 수 있다.
- 확인을 통해 서로가 이해하고 있는 의미의 간극을 줄인다면,
  협업이 더 수월해질 것이다.

4. 내가 하는 일을 알게 하라.

- 서로가 하는 일에 대해 잘 모르는 것이 오해를 낳고 충돌로 이어진다.
- 다른 사람의 일에 대해 이해하려고 하는 동시에, 내가 하고 있는
  일에 대해 잘 알 수 있게 해야 한다.

5. 도움이 필요할 때 주저하지 말고 요청하라.

- 동료에게 도움을 주는 것은 조직에서 구성원의 가치를 보여주는
  기회가 된다.
- 충분히 감사하면서 도움을 주고받는다면, 요청하는 사람과
  도와주는 사람 모두에게 좋은 과정이 된다.

자동 회사 습관

피드백 수집하기

PREVIEW

입시 학원에서는 수강생의 시험 결과나 수강 태도에 대해 적극적인 피드백을 한다. 그래야 수강생의 성적이 오르고, 수강생의 성적을 올리는 것이 입시 학원의 최우선 목표이기 때문이다. 하지만 직장은 조금 다르다. 직장에서도 신입 직원의 역량을 끌어올리는 것이 중요하지만 그것이 최우선 목표는 아니다. 모든 팀과 구성원들에게는 최우선으로 해결해야 하는 목표가 따로 있기 때문에, 신입 직원의 업무 태도나 성과에 대해 적극적인 피드백을 하기가 어려울 수 있다. 여유가 없을 수도 있고, 아예 관심이 없는 사람도 있다.

따라서 신입 직원 스스로 피드백을 수집하려는 노력이 필요하다. "이 정도면 됐다"라는 말에 만족하지 말고, 더 좋은 성과를 위해 할 수 있는 것이 무엇인지 찾아내야 한다. 그렇게 적극적인 모습을 보이면, 바빠서 먼저 피드백을 주기 어려워했던 사람들이 어떻게든 도와주려고 하기도 한다.

▷ 범위를 넓게 잡기

기본적으로는 내가 작업한 결과물에 대해 피드백을 얻을 수 있을 것이다. 그런데 결과물에 대한 피드백만 받는다면 너무 좁은 범위의 피드백만 수집하게 된다. 게다가 때에 따라서는 피상적인 의견만 듣게 될 수도 있다. 그러므로 되도록 피드백의 범위를 넓히는 것이 좋다.

일단 결과물을 만들어 내는 과정에 대해 피드백을 수집할 수 있을 것이다. 어떤 도구를 어떻게 사용했는지 밝히고, 그에 대해 의견을 수집할 수 있다. 또한, 작업 과정에서 있었던 여러 가지 판단과 선택에 대해 피드백을 수집할 수도 있다. 어떤 면에서는 과정에 대한 피드백이 더 중요할 수 있다. 결과물에 대한 피드백은 같은 작업의 품질만 높여주지만, 과정에 대한 피드백은 내가 하는 모든 작업의 품질을 높여주기 때문이다.

인간관계에 대해서도 피드백을 수집하면 좋다. 인간관계가 조직 생활에서 차지하는 비중은 매우 큰데, 그에 비해 공식적인 교육이나 피드백 과정은 없는 경우가 많다. 이 때문에 적극적으로 피드백을 수집하지 않으면 좋은 인간관계를 형성하는 것이 어려울 수 있다.

[과정에 대한 피드백 요청 예시]

- "AI에게 게임 기획서의 목차를 구성해 달라고 하고, 그 목차를 보면서 각 챕터의 내용을 채웠습니다. 다 작성한 후에 AI에게 부

자동 회사 습관

족한 부분을 알려달라고 해서 보강했고요. 혹시 이런 과정에서 제가 주의해야 할 것이 있을까요? 혹은 추가하면 좋을 과정이 있을까요?”

[인간관계에 관한 피드백 요청 예시]

- “그전에는 혼자서 일을 했는데, 이번 프로젝트에서는 협업해야 하는 것이 많아졌어요. 그런데 잘 모르는 사람한테 말을 거는 것이 어색하고 어렵습니다. 편하게 대화를 나누려면 어떻게 시작해야 할까요?”

▷ 구체적으로 요청하기

피드백을 주는 사람은 자기 일로 바쁘다. 따라서 피드백을 주기 위해 많은 시간을 소비하지 않도록 하는 것이 중요하다. 요청이 너무 포괄적이면 피드백을 줄 부분을 찾아야 하고, 피드백에 포함되는 내용도 많아지기 때문에 시간이 많이 소모된다. 반면, 요청이 구체적이면 피드백할 부분을 찾을 필요가 없고 답변도 간결해지기 때문에 짧은 시간에 양질의 피드백을 할 수 있게 된다.

예를 들어, 커뮤니케이션 과정에 대해 피드백을 얻고 싶다면 최근에 있었던 커뮤니케이션 과정에 대해 구체적으로 설명하는 것이 필요하다. 그리고 정확히 어떤 부분에 대해 피드백을 받고 싶은지 밝힐 수 있다. 상대방의 무리한 요구에 어떻게 거절 의사를 밝혔는지 말하고, 그런 거절 방식에 대해 피드백을 요청할 수 있다. 만약 상황 설명 없이 자신의 커뮤니케이션 방식에 대해 피드백을 해달라고 하면, 상대방은 내가 어떤 식으로 커뮤니케이션하는지 떠올려야 하고, 그 가운데 피드백할 부분을 스스로 찾아야 하기 때문에 시간도 오래 걸리고 심지어 달가워하지 않을 수도 있다.

작업 과정에 대한 피드백도 마찬가지다. 전체 과정을 펼쳐 놓고 피드백을 요청하기보다는, 내가 특별히 피드백을 받고 싶은 부분에 대해 구체적인 설명과 요청을 진행하는 것이 좋다. 프로그래머라면 전체 코드를 봐달라고 하기보다, 어떤 목적으로 어떤 로직을 구성했는데 더 좋은 방법이 있는지 묻는 것이 좋다.

[구체적인 피드백 요청 예시]

- "미사일과 전투기의 충돌을 체크하는 코드를 만들었습니다. 알고리즘이 단순해서 하나의 함수로 처리했는데요, 혹시 단순한 알고리즘이더라도 미사일, 전투기, 충돌을 각각 따로 관리하도록 만드는 게 좋을까요?"
- "마케팅팀에 공유할 프로그램 설명서를 한번 작성해 봤습니다. 필요 없는 내용이 있는지, 아니면 마케팅팀이 추가로 궁금해할 만한 것이 있을지 봐주실 수 있을까요?"

자동 회사 습관

▷ 다양한 사람으로부터 수집하기

피드백은 대체로 '주관적인 의견'이다. 따라서 가급적 많은 사람으로부터 수집하는 것이 객관성을 확보하기에 좋다. 게다가 직장생활은 어차피 많은 사람과 얽히며 이루어지기 때문에, 다양한 사람의 생각을 아는 것 자체가 큰 도움이 된다.

협업 과정을 예로 들면, 나와 협업하는 다양한 사람들에게 나의 협업 방식에 대해 피드백을 수집할 수 있다. 그러면 같은 대상을 놓고서도 사람에 따라 의견이 다른 것을 발견할 수 있을 것이다. 바로 주제를 꺼내는 것이 편한 사람이 있고, 반대로 너무 거칠다고 느끼는 사람도 있을 수 있다. 그런 의견을 종합하여 적절한 수준을 정할 수 있다. 혹은, 상대방에 따라 협업 방식을 달리하는 것을 고민할 수도 있을 것이다.

한 사람에게 너무 큰 피드백 부담을 주지 않기 위해서도 다양한 사람에게 피드백을 요청하는 것이 중요하다. 앞으로도 여

[다양한 피드백을 활용하는 예시]

질문	응답	활용
핵심 주제부터 이야기하는 게 편하신가요?	A: 네, 빨리 주제로 넘어가는 것이 좋습니다. B: 가벼운 얘기로 먼저 분위기를 풀어주는 게 좋은 것 같아요.	A와 얘기할 때는 주제를 바로 꺼내고, B와 얘기할 때는 근황 토크를 잠시 한 후 주제를 꺼낸다.
최근에 배포한 이미지 작업 툴의 UI는 편리한가요?	A: 버튼이 너무 많아서 복잡해 보여요. B: 필요한 기능을 버튼으로 바로 실행할 수 있어서 좋아요.	기능의 활용 빈도를 파악하여, 자주 사용하는 기능은 노출하고, 덜 사용하는 기능은 메뉴 안쪽으로 숨겨놓자.

러 번 피드백을 요청할 생각이라면, 한 번의 피드백에 피로감을 느끼지 않게 하는 것이 필요하다.

(SUMMARY)

1. 범위를 넓게 잡자
  - 결과뿐만 아니라 과정에 대해서도 피드백을 수집하자.
  - 인간관계 등 직장생활 전반에 대해 피드백을 수집하자.

2. 구체적으로 요청하자
  - 피드백이 필요한 부분을 구체적으로 제시하여, 상대방이 쉽게 피드백을 구성할 수 있게 하자.
  - 피드백에 대한 부담이 적어야 반복적으로 피드백을 받을 수 있다.

3. 다양한 사람으로부터 수집하자
  - 피드백은 주관적인 의견이므로, 여러 사람의 피드백을 받아 종합할 필요가 있다.
  - 피드백을 주는 사람의 가치관이나 특성을 알 수 있게 되는 것도 큰 소득이다.

자동 회사 습관

11

조직이 긍정적인 사람을 좋아하는 이유

PREVIEW

조직이 구성원에게 원하는 태도에는 여러 가지가 있는데, 대체로 어느 조직이나 좋아하는 태도 중 하나가 바로 긍정적인 태도이다. 특히 신입사원에게 이런 모습을 원하는 경우가 많아서, 면접에서도 긍정적인 모습을 보여주는 것이 유리하기도 하다. 그렇다면 조직이 긍정적인 태도를 좋아하는 이유는 무엇일까?

▷ 긍정적인 사람은 활동력이 좋다

기업은 개인의 생산성을 중요하게 생각한다. 개인이 더 큰 성과를 내기 위해서는 기본적으로 높은 활동력을 가지고 있어야 한다고 생각한다. 긍정적인 태도를 가지고 있는 사람은 이러한 활동력이 대체로 왕성한 편이다. 긍정적이라 함은 자신이 어떤 일을 했을 때 그 결과가 좋을 것으로 기대한다는 것이다. 긍정적인 사람은 새로운 시도를 하는 데 주저함이 없다. 오히려 새로운 일을 만드는 데 더 적극적이다. 더 많은 일을 할수록 더 자주 성취감을 느낄 수 있기 때문이다. 이러한 왕성한 활동력 때문에 조직은 긍정적인 구성원을 좋아한다.

▷ 긍정적인 사람은 고난에 강하다

사람들이 많이 사용하는 말 중에 '희망'이 있다. '희망'이란, 고난에 빠진 사람이 그 고난에서 벗어날 것을 기대하는 것이다. 긍정적인 사람일수록 고난 속에서도 희망을 잃지 않는다. 부정적인 사람에 비해 고난을 더 오래 견딜 수 있고, 고난을 벗어나기 위한 활동에도 더 적극적이다. 기업이 진행하는 프로젝트는 종종 난관에 부딪힌다. 그래서 어려운 상황을 견뎌내는 능력을 중요하게 생각하는데, 특히 신입사원에 대해서는 작은 어려움도 견디지 못할 것을 우려하는 경우가 많다. 이 때문에 면접 과정에서도 인내심이 강한 편인지 살피려고 한다. 신입사원에게 특히 긍정적인 태도를 요구하는 이유도 여기에 있다.

▷ 긍정적인 사람은 긍정적인 분위기를 만든다

사람의 기분은 전염이 된다. 우울한 사람 옆에 있으면 덩달아 우울해지고, 유쾌한 사람 옆에 있으면 함께 유쾌해진다. 그

자동 회사 습관

래서 팀에 긍정적인 사람이 있으면, 팀 전체 분위기도 긍정적인 쪽으로 기울어진다. 그러면 긍정적인 사람이 가져다주는 좋은 효과들이 팀 전체적으로도 나타나게 된다. 팀의 활동력이 좋아지고, 팀이 고난에 강해지는 것이다. 따라서 어떤 면에서는 일부러라도 긍정적인 사람을 팀원으로 합류시킬 필요가 있다.

▷ 긍정적인 사람은 팀워크 조성에 기여한다

결과에 대해 부정적인 전망이 지배하면 팀워크는 형성되지 않는다. 되지도 않을 일에 애쓰고 싶어 하는 사람은 많지 않을 것이다. 반면, 결과에 대해 긍정적인 생각이 지배하는 팀에서는 팀워크가 쉽게 형성된다. 좋은 결과를 기대하는 사람이라면 손발을 맞추는 데 적극적일 것이다. 결국, 긍정적인 사람이 조성한 긍정적인 분위기는 좋은 팀워크로도 이어지는 것이다. 좋은 팀워크가 좋은 결과에 기여하는 바는 말하지 않아도 될 것 같다.

▷ 긍정적인 사람은 갈등을 억제한다

긍정적인 사람은 대체로 사람에 대해서도 긍정적인 기대를 한다. 그래서 다른 사람의 행동에 대해서 이해하려는 모습을 보일 때가 많다. 나를 이해하려는 사람이 존재한다는 사실은 사람의 부정적인 감정을 크게 억제하는 효과가 있다. 조직에 솔직한 이야기를 나눌 수 있는 사람이 한 사람만 있어도, 감정을 표출하지 않고 해소할 수 있게 되는 것이다. 이는 갈등이 커지는 것을 막아준다.

SUMMARY

1. 긍정적인 사람은 활동력이 좋다
2. 긍정적인 사람은 고난에 강하다
3. 긍정적인 사람은 긍정적인 분위기를 만든다
4. 긍정적인 사람은 팀워크 조성에 기여한다
5. 긍정적인 사람은 갈등을 억제한다

자동 회사 습관

12

대화를 많이 하면
좋은 점

PREVIEW

대화를 어려워하는 사람들이 있다. 사실 나부터가 대화를 어려워하는 사람이었다. 그래서 친구들을 만날 때도 세 명 이상 모이는 것을 선호했다. 하지만 직장생활을 하면서 대화를 기피할 수는 없었다. 오히려 대화를 통해 얻는 것이 많았다. 그래서 대화에 적극적으로 나선 시기도 있었다. 신입이라면 배워야 할 것이 많다. 연습해야 할 것도 많다. 그러니 힘들더라도 대화를 기피하지 말자. 가능하면 대화에 많이 참여하고 먼저 대화를 시도해 보기도 하자. 이번 글에서는 대화해야 하는 이유를 몇 가지 나열해 보고자 한다.

▷ 정보를 습득할 수 있다

정보의 중요성은 따로 강조하지 않아도 될 것 같다. 이미 모든 사람이 정보의 중요성을 인식하고 있는 것이 지금의 시대이기 때문이다. 직장생활에서도 정보는 무척 중요하다. 그런데 공식적인 채널을 통해 전달되는 정보는 아주 제한적이다. 당장의 업무에 필요한 정보가 거의 전부이다. 특히 신입에게는 더 그럴 것이다.

사람들과 대화를 나누면 더 많은 정보를 얻을 수 있다. 다른 조직에서는 어떤 일들이 진행되고 있는지, 어떤 이슈로 힘들어하는지, 전체 조직에 어떤 변화가 일어나고 있는지 등을 알 수 있다. 조직 내부 이야기뿐만 아니라 외부의 이야기도 들을 수 있다. 다른 회사의 상황이나 업계에 일어나는 일들에 대해 들을 수 있다.

인터넷을 통해 정보를 습득하는 것이 익숙한 시대이지만, 직장생활에서는 사람들의 입을 통해 흘러 다니는 정보가 여전히 중요하다. 인터넷에서 수집할 수 있는 정보는 업계에 흘러 다니는 정보의 일부일 뿐이다. 그러므로 내가 일하는 범위 이상의 시야를 확보하기 위해서는 다양한 사람들과 대화하는 것이 필요하다.

▷ 관계를 형성하는 데 필요하다

직장생활에서 중요한 것은 역시 '실력'이다. 조직은 실력 있는 인재를 필요로 하고, 동료들도 실력 있는 사람을 좋아한다. 하지만 '실력만 있으면 된다'는 것은 다소 순진한 생각이다. 조직은 사람과 사람이 얽혀 일이 진행되는 곳이다. 아무리 실력이 좋아도 나에게 우호적인 사람이 없으면 생존조차 쉽지 않다. 따

 자동 회사 습관

라서 인간관계에 큰 관심을 가져야 한다.

관계를 형성하기 위해서는 역시 대화가 필요하다. 말 한마디 나눠보지 않은 사람과 친밀감을 쌓기는 어려울 것이다. 반대로 어떤 사람과 대화를 한 번 나누고 나면 친밀감이 크게 상승한다. 그전에는 '잘 모르는 사람'이었다가, 이제는 '아는 사람'이 되는 것이다.

조직은 여러 팀으로 구성되어 있다. 그런데 개인이 형성하는 네트워크는 조직의 공식적인 구조를 넘어설 필요가 있다. 같은 팀 동료나 협업하는 사람들하고만 관계를 형성해서는 부족하다는 것이다. 협업하지 않는 조직, 다른 회사 사람, 심지어 완전히 다른 업계의 사람들하고도 인간관계를 쌓아두면 좋다. 그러면 식견이 넓어지고, 필요할 때 도움을 받을 수 있는 여지도 많아진다.

'목적' 있는 인간관계도 필요하지만 단순히 '좋은 사람들'과 인간관계를 쌓아두는 것도 좋다. 그러면 직장생활뿐만 아니라, 삶 자체에 많은 도움이 될 것이다. 어쨌든 이런 관계를 만들기 위해서는 사람들과의 대화에 적극적일 필요가 있다.

▷ 커뮤니케이션을 연습하게 된다

직장인의 공통 역량 중 가장 중요한 것이 바로 커뮤니케이션 역량이다. 심지어 프로그래머 같은 기술자들에게도 커뮤니케이션 역량은 꽤 중요하다. 그런데 커뮤니케이션은 책이나 영상을 보는 것만으로 향상되지 않는다. 반드시 실습이 필요한 영역이다.

많은 사람이 커뮤니케이션을 힘들어하는 이유가 여기에 있는 것 같다. 커뮤니케이션에 대한 학습 자료는 넘쳐나고, 커뮤니케이션을 학습하는 사람들도 매우 많다. 하지만 제대로 된 실습을 하는 사람은 그에 비해 적은 듯하다. 자신이 학습한 것을 반드시 실습해 봐야 하고, 자신이 실습한 것을 반드시 회고해 봐야 한다. 학습, 실습, 회고의 과정을 착실히 거쳐야 커뮤니케이션 역량이 향상된다.

실습으로서의 의미도 있지만, 일단 커뮤니케이션 환경에 익숙해지는 것도 중요하다. 환경에 익숙해질수록 그 환경이 편안해진다. 환경이 편안해져야 그 환경에서 편하게 활동할 수 있을 것이다. 최근에 이슈가 되었던 '통화에 대한 두려움'도, 어느 정도는 통화라는 활동 자체가 예전에 비해 적어진 현실에 기인하는 듯하다.

친하지 않은 사람과의 대화가 어렵다면, 친한 사람과의 대화라도 많이 해보자. 어쨌든 '대화'라는 활동 자체를 많이 할수록 커뮤니케이션에 익숙해지고, 커뮤니케이션 역량이 향상된다. 또한 친한 사람끼리의 대화에서도 표현과 태도 등은 여전히 중요하기 때문에, 충분히 좋은 연습이 될 수 있다.

SUMMARY

1. 정보를 습득할 수 있다

- 대화를 통해 내 업무 범위를 넘어서는 더 많은 정보를 획득할 수 있다.

- 다양한 정보는 커리어와 관련된 시야를 넓혀준다.

- 대화를 통해서만 습득할 수 있는 중요한 정보들이 있다.

2. 관계를 형성하는 데 필요하다

- 직장생활에서는 실력만큼 인간관계도 중요하다.

- 관계를 형성하기 위해서는 대화가 필수적이다.

- 좋은 사람들과 만들어 둔 인간관계의 네트워크는 직장생활뿐만
  아니라 삶에 큰 도움이 된다.

3. 커뮤니케이션을 연습하게 된다

- 커뮤니케이션 역량은 누구에게나 필요한 공통 역량이다.

- 커뮤니케이션 역량은 실습하지 않으면 향상되지 않는다.

- 대화를 통해 커뮤니케이션 환경에 익숙해지는 것도 중요하다.

13

타인을 존중하기

PREVIEW

사람들에게는 다양한 욕구가 있다. 에이브러햄 매슬로는 이 욕구를 5단계로 구성했는데, 가장 기본적인 욕구가 '생리적 욕구'이고, 안전, 소속, 명예, 자아실현의 욕구가 뒤따른다. 우리 사회에서 생리적 욕구와 안전의 욕구는 어느 정도 충족되고 있다. 반면, 소속, 명예, 자아실현의 욕구는 많은 사람들이 갈증을 느끼고 있는 것 같다. 이 욕구들의 바탕에 존재하는 것이 바로 '존중'이다.

사람들은 존중받고 싶어 한다. 타인으로부터도, 자신으로부터도 그렇다. 최근에 자주 사용되는 '자존감'이라는 용어에도 '존중'의 의미가 포함되어 있다. 그래서 인간관계의 바탕에도 '존중'이 존재한다. 좋은 인간관계를 형성하고 싶다면, '존중'을 바탕에 두고 타인을 대해야 하는 것이다.

자동 회사 습관

▷ 타인의 기준을 존중하라

어떤 사람은 4,000원짜리 커피를 비싸다고 하면서 8,000원짜리 국밥은 싸다고 한다. 반면, 어떤 사람은 8,000원짜리 국밥을 비싸다고 하면서 4,000원짜리 커피를 싸다고 한다. 사람마다 기준이 다르고, 같은 사람이라도 대상에 따라 또 기준이 달라진다.

사람은 기준이 있어야 무언가를 평가할 수 있다. 모든 대상에 자신만의 잣대를 만들어 간다. 국밥이나 커피 같은 사물만이 아니라, 감정이나 정서에 대해서도 잣대를 만든다. 무인도에 혼자 있어도 흔들리지 않는 사람이 있고, 엘리베이터에 혼자 타는 것을 두려워하는 사람도 있다. 내 의견을 부정당해도 상관없는 사람이 있고, 나와 다른 의견에 민감하게 반응하는 사람도 있다.

타인을 존중한다는 것은 타인이 가진 잣대를 존중한다는 의미이다. 그 사람의 시선으로 세상을 보고, 그 사람의 시선으로 그 사람을 볼 수 있어야 한다. 나와 다른 기준을 이해하고 받아들여야 타인을 올바르게 존중할 수 있다.

▷ 존중을 표현하라

존중하는 마음을 갖는 것이 우선이지만, 좋은 관계를 형성하려면 그런 존중을 상대방에게 전달하는 것도 필요하다. 표현하지 않으면 알기 어려운 것이 사람의 마음이기 때문이다.

존중하는 마음을 표현하는 가장 쉬운 방법은 타인의 장점을 칭찬하는 것이다. 어떤 사람의 좋은 점을 찾아 칭찬하면, 그 사람은 자신이 존중받고 있다고 느끼게 된다. 나의 장점을 언급하는 것은 나라는 사람 자체를 좋게 받아들이는 것과 동일시된다. 그래서 칭찬을 많이 받은 사람은 자존감이 올라간다.

존중을 표현하는 또 한 가지 방법은, 그 사람의 말을 수긍하는 것이다. 자신의 의견에 상대방이 수긍할 때, 사람은 존중받는 느낌을 받는다. 물론, 그 사람의 말과 내 생각이 다를 수도 있다. 그럴 때도, "그렇게 생각할 수도 있겠네요. 그런데 저는 생각이 조금 달라요"라고 말할 수 있다. 상대방의 말에 수긍하면서 자신의 다른 생각을 이야기하는 것이다. 상대방의 말을 무조건 수용하는 것이 아니라, 그런 생각도 있을 수 있다는 것을 인정하는 것이 존중이다.

▷ 자신의 신념을 의심하라

타인을 존중하기 위해서는 자신을 돌아보는 것도 필요하다. 자신의 생각이 틀릴 수 있다고 생각해야 타인을 존중할 수 있다. 자기 생각과 다른 것을 인정하는 것이 존중이기 때문이다. 나와 생각이 같아서 인정하는 것은 존중이 아니다.

내 생각이 확실하지 않은 것만 의심하는 것이 아니다. 내가 정말 옳다고 믿는 것조차, 틀린 것일 수 있다는 생각을 해야 한다. 과거에는 분명히 옳았던 것도, 지금은 옳지 않은 것일 수 있다고 생각할 수 있어야 한다. '퇴근 시간 1분 전에 서비스에 치명적인 문제가 생겼으면, 기술자가 문제를 해결하고 퇴근하는 것이 당연히 요구되는 일인가?', '모든 팀에는 팀장이 반드시 존재해야 하는가?', '프로젝트의 진행 상황을 꼭 정기적으로 보고해야 하는가?', 이런 생각을 할 수 있어야 다른 생각을 존중할 수 있다.

의심하라는 것이지 부정하라는 것은 아니다. '틀렸다'라고 생각하는 것은 부정이고, '틀릴 수도 있다'라고 생각하는 것이 의심이다. 몇 번을 생각해도 그것이 옳다는 결론에 이를 수 있다. 단지 다른 해답이 존재할 수 있음을 늘 상기해야 한다는 것이다.

(SUMMARY)

1. 타인의 기준을 존중하라

　– 사람마다 세상을 바라보는 기준이 다르다.

　– 타인의 기준으로 세상과 그 사람을 바라볼 수 있어야 존중이 가능하다.

2. 존중을 표현하라

　– 표현하지 않으면 알기 어려운 것이 마음이다.

　– 타인의 장점을 칭찬하거나, 타인의 말에 수긍하는 것으로

　　존중을 표현할 수 있다.

3. 자신의 신념을 의심하라

　– 당연하게 여겨지는 것도 틀릴 수 있다고 생각해야 다른 생각을

　　존중할 수 있다.

　– 신념을 부정하라는 것이 아니라, 틀릴 가능성이 존재함을 생각하라는

　　것이다.

자동 회사 습관

[Class 3]
인간관계

좋은 첫인상 만들기

14

PREVIEW

취업을 위해 성형을 하는 사람들이 있다고 한다. 타인에게 좋은 인상을 주는 얼굴로 바꾸려는 것이다. 개인적으로 그런 목적의 성형 수술을 옹호하지는 않지만, 첫인상이 중요하다는 것에는 공감한다. 그래서 면접을 보러 갈 때는 헤어스타일부터 복장까지 꼼꼼히 신경 쓰기를 권한다. 실제로, 면접장에 들어온 지원자와 면접관이 처음 만났을 때부터, 이미 합격과 불합격의 판단이 이루어지기 시작한다.

겉모습에 영향받는 것이 좋다고는 할 수 없지만, 사람이라면 어쩔 수 없는 부분이다. 공정한 판단이 가장 크게 요구되는 재판 과정에서도, 외모가 출중한 피고는 그렇지 않은 피고보다 형을 적게 선고받는다는 연구 결과도 있다. 재판관들이 일부러 그런 것은 아닐 것이다. 최대한 공정하게 판결을 내리고자 했지만, 말을 듣지 않는 '무의식'이란 존재가 그런 편향을 만들어 냈을 것이다.

물론, 여기서 외모에 대해 이야기하고자 하는 것은 아니다. 그보다는 행동과 태도에 의해 이루어지는 인상에 대해 이야기하고자 한다. 조직에 처음 합류하게 되었을 때, 행동과 태도를 통해 사람들에게 심어지는 인상이 있기 때문이다. 새 멤버가 오기 전부터 기존 구성원들은 새 멤버를 관찰하고 평가할 준비를 하고 있는데, 이때 형성되는 인식이 조직 생활에 많은 영향을 미치게 된다.

▷ 인식이 태도를 만든다

이순신 팀원이 지각을 했다. 사람들은 이순신 팀원에게 다가가 몸이 안 좋은지, 무슨 일이 있는지 묻는다. 이번에는 원균 팀원이 지각을 했다. 그러자, 사람들은 자기들끼리 모여서 출근 시간은 지켜야 하는 것 아니냐며 원균 팀원을 성토한다. 사실 이순신 팀원은 가끔 지각을 하며, 원균 팀원은 처음 지각한 것이었다.

이런 일이 벌어지는 것은 '인식' 때문이다. 이순신 팀원에 대해서는 우호적인 인식이 형성되어 있는 반면, 원균 팀원에 대해서는 그 반대의 인식이 형성되어 있는 것이다. 그래서 이순신 팀원의 지각은 관대하게 받아들이면서 원균 팀원의 지각에 대해서는 그렇지 못하다.

사람에 대한 인식은 그 사람에 대한 태도에 영향을 미친다. 그것도 오래 미친다. 그런데 이런 인식은 어떤 사람과의 만남이 이루어진 초기에 형성되는 경우가 많다. 인식은 무의식의 영역에서 형성되며, 아직 인식이 형성되지 않은 타인에 대해 빨리 어떤 인식을 형성하려고 하기 때문이다. 그래서 첫인상이 중요하다.

▷ 인식을 능동적으로 만들어 보자

어떤 조직에 처음 합류하게 되었을 때, 그 조직의 구성원들에게 어떤 인상을 심어줄 것인지 고민해 보자. 조직이 바라는 인재상이 있으면 참고하고, 일반적으로 구성원들에게 환영받는 태도에 대해서도 생각해 보자. 그리고 그중에서 자신과 크게 괴리가 없는 것들을 선택해 보자. 혹은, 스스로도 지향하고 싶은 것들을 선택할 수도 있다. 요점은 타인에게 심어줄 나의 인상을 명확히 그려보는 것이다.

인상을 정의했으면, 그다음에는 행동을 계획하면 된다. 성실하다는 인상을 주기 위해 어떤 행동을 할지, 정직하다는 인상을 주기 위해 어떤 행동을 하지 말아야 할지 정리하는 것이다. 그리고 그런 행동 계획을 일정 기간 엄격히 준수한다. 개인적으로 3개월 정도면 충분할 것 같다. 그러면 내가 주고자 하는 인상을 심어줄 수 있을 것이다.

이것이 인위적으로 느껴질지도 모르겠다. 성실한 사람이라면 결국 주변 사람들이 그것을 알게 될 것이라고 생각할 수 있다. 맞는 말이다. 하지만 사람들이 알아주기까지 생각보다 시간이 오래 걸릴 수 있다. 게다가 성실한 사람이 많아서 나의 성실성은 인상적이지 않을 수도 있다. 따라서 내가 주고 싶은 인상을 정의하고, 그에 맞는 행동을 의식적으로 반복하는 것이 더 도움이 된다.

▷ 반복은 습관이 되고, 태도가 된다

이런 과정을 통해 지금은 내 것이 아닌 태도를 내 것으로 함양할 수도 있다. 앞에서 3개월을 이야기한 것은 다른 사람에게 원하는 인상을 심어주는 데 필요한 것도 있지만, 그 정도 기간이면 새로운 태도를 내 것으로 만들 수 있을 만한 기간이기 때문이다. 원래는 보통 정도의 성실함을 가지고 있었지만, 3개월 정도 의식적으로 성실함을 강조하다 보면 실제로 보통 이상의 성실함을 가진 사람이 되는 것이다.

우리는 어떤 태도가 공동체 생활에 좋은 태도인지 어느 정도 알고 있다. 하지만 막상 그런 태도를 내 것으로 만들기는 쉽지 않다. 이제까지와는 다른 태도를 오래도록 유지하는 것은 높은 의지가 수반되어야 하는 일이기 때문이다. 그런데 새로운 조직에 합류했을 때는, 그 조직에 잘 어울리고 싶다는 의지가 자연스럽게 형성된다. 게다가 동료들과 상호작용 하면서 좋은 태도의 세세한 부분까지 잘 이해할 수 있게 된다. 따라서 새로운 조직에 합류했을 때야말로, 새로운 태도를 내 것으로 만들기에 좋은 시기이다. 그 시기를 잘 이용하여 좋은 태도를 몸에 익혀 둔다면, 앞으로의 직장생활 동안 커다란 도움을 받을 수 있을 것이다. 물론 꾸준히 자신을 돌아보고, 좋은 태도를 계속 유지하려는 노력도 잊지 말아야 한다.

(SUMMARY)

1. 인식이 태도를 만든다.

- 좋은 인식을 가진 사람에게는 우호적인 태도를 보이게 된다.
- 인식은 만남의 초기에 형성된다.

2. 인식을 능동적으로 만들어 보자.

- 새로운 조직에 합류할 때, 어떤 인상을 주고 싶은지 정의해 보자.
- 정의한 인상에 맞는 행동 계획을 수립하자.
- 3개월 정도 그 행동을 유지해 보자.

3. 반복은 습관이 되고, 태도가 된다.

- 같은 태도를 반복하다 보면 진짜 내 태도가 된다.
- 새로운 조직에 합류할 때가 새로운 태도를 함양하기 좋은 시기이다.

15

커뮤니케이션에 관한 조언

PREVIEW

인간관계에서 필수적인 기술 중 하나가 커뮤니케이션 기술이다. 직장생활뿐만 아니라 친구 관계, 연인 관계, 동호회 활동 등 사람과 사람이 얽히는 모든 곳에서는 커뮤니케이션이 발생한다. 그런데 이 커뮤니케이션을 어려워하는 사람들이 많다. 단순히 내용을 주고받는 것이라면 어렵지 않을 것이다. 하지만 커뮤니케이션에서는 정보만 교환되는 것이 아니다. 감정도 교환되고, 상대방에 대한 인식도 교환된다. 게다가 정보도 명시적으로만 전달되지 않고, 암시적으로 숨은 정보가 교환되기도 한다. 그러다 보니 커뮤니케이션 때문에 문제가 발생하기도 하고, 필요 이상으로 에너지를 많이 소모하기도 한다.

커뮤니케이션이 어려운 또 하나의 이유는, 커뮤니케이션이 단지 많이 한다고 능숙해지는 기술이 아니기 때문이다. 물론 많이 해봐야 잘하게 되는 것은 맞지만, 무작정 많이 한다고 커뮤니케이션 역량이 높아지지는 않는다. 만약 양이 절대적인 요소였다면, 어렸을 때부터 수많은 커뮤니케이션을 경험하면서 자란 어른들은 대부분 커뮤니케이션의 고수가 되어 있어야 할 것이다. 하지만 전혀 그렇지 않다.

커뮤니케이션에서 생각해야 할 것은 여러 가지가 있다. 책으로 공부한다고 해도 한 권으로는 부족할 것이다. 다만, 처음부터 완벽한 커뮤니케이터가 되어야 하는 것은 아니다. 한 가지를 알면 그만큼 바로 효능을 얻게 되는 것이 커뮤니케이션이다. 따라서 하나씩 확실하게 습득하는 것이 더 중요하다. 이번 글에서는 커뮤니케이션과 관련해 먼저 생각해 볼만한 것을 몇 가지 언급하고자 한다.

▷ 말보다는 글로 연습하기

커뮤니케이션이라고 하면 말을 먼저 생각하게 된다. 실제로 글보다는 말로 이루어지는 커뮤니케이션이 더 많다. 하지만 커뮤니케이션을 연습할 때는 말보다 글이 좋다. 말은 한 시간만 지나도 잘 기억나지 않지만, 글은 며칠이 지나도 그대로 남아 있다. 그래서 회고하기 좋고, 수정해 보기도 좋다. 특히 내용이 길 경우에는 글로 연습해야 온전한 연습이 된다.

글로 연습하면 좋은 점이 또 있다. 바로, 다른 사람에게 검토를 요청하기가 편하다는 것이다. 연설 내용에 대해 다른 사람의 의견을 듣는다고 생각해 보자. 그 사람 앞에서 직접 연설을 진행하고 의견을 받을 수도 있다. 이때 듣는 사람은 자신이 듣고 있는 내용을 놓치지 않으려고 애써야 한다. 그만큼 듣는 사람의 노력을 많이 요구하게 되고, 그렇게 해도 결국 놓치는 부분이 있을 수 있다. 하지만 글로 검토하면 내용을 다 기억하려고 하지 않아도 되고, 몇 번이고 다시 생각하면서 의견을 정리할 수 있다.

물론, 글로는 연습이 되지 않는 것도 있다. 말투, 호흡, 표정 등은 말을 하면서 연습해야 한다. 연설에 대한 검토도, 마지막에는 말로 하면서 다시 의견을 받아야 한다. 하지만 커뮤니케이션의 바탕이 되는 '문장'을 정리하고 연습하는 데는 말보다 글이 확실히 좋다.

[글로 문장을 연습하는 예시]

– 최초 작성: "실례합니다. 황순원의 『소나기』는 어디에 있나요?"

– 첫 번째 수정: "실례합니다. 황순원의 『소나기』가 어디에 있는지 알려주실 수 있을까요?"

– 두 번째 수정: "실례합니다. 황순원의 『소나기』를 찾고 있는데요. 혹시 어디에 있는지 알려주실 수 있을까요?"

▷ 하고 싶은 말을 다 하지 않기

'할많하않'이라는 줄임말이 있다. '할 말은 많지만 하지 않겠다'를 줄인 것이다. 우스갯소리로 하는 말이지만, 커뮤니케이션에서 굉장히 중요한 점을 짚어주는 말이기도 하다. 좋은 커뮤니케이터는 하고 싶은 말을 모두 하지 않는다. 현재 상황에서 꼭 필요한 말만 한다. 좋은 말이라도, 지금 필요하지 않다면 하지 않는다. 그것이 내가 전달하고 싶은 메시지를 더 선명하게 만들고, 듣는 사람의 피로도 줄여주기 때문이다.

　　　　　　　　　　　　자동 회사 습관

　'꼰대'의 특징 중 하나가 말이 많은 것이다. 특히 누군가에게 좋은 말을 해주려 할 때 말이 길어진다. 말하는 사람의 입장에서는 상대방에게 조금이라도 더 도움을 주고 싶어서일 것이다. 하지만 정보를 받아들이는 입장에서는 정보의 양이 많아질수록 그것을 따라가기가 힘들어진다. 그래서 결국 '흘려듣는' 지경에 이르게 된다.

　대화하다 보면, 안 해도 될 말을 덧붙이는 경우도 있다. 그런 말 때문에 감정이 상하고 사이가 나빠지기도 한다. 특히 말하는 사람이 감정적으로 격앙되어 있을 때 이런 일이 잘 발생한다. 따라서 좋은 쪽이든 나쁜 쪽이든, 어떤 감정이 나를 채우고 있는 것이 느껴진다면, 그럴 때는 말을 절제하려고 의식하는 것이 좋다. 그리고 어떤 말을 해야 할지 안 해야 할지 고민된다면, 일단 하지 않고 시간을 갖자. 몇 번을 다시 생각해 보고, 하는 것이 좋겠다는 판단이 들면 그때 해도 늦지 않다. 한두 번 더 생각하는 것만으로도 말 때문에 곤란해지는 일을 많이 피할 수 있을 것이다.

▷ 잘 듣기

　커뮤니케이션에 대해 이야기할 때 빠지지 않는 것이 '경청'이다. 상대방의 말을 잘 듣는 것이 커뮤니케이션에서 매우 중요한 일이기 때문이다. 심지어 상대방의 말을 잘 들어주는 것만으로 내가 원하는 목적을 달성하게 되는 경우도 있다.

많은 사람이 커뮤니케이션에서 주도권을 갖고 싶어 한다. 자신이 잘 알고, 흥미를 느끼는 주제에 대해 이야기하고 싶어 한다. 평소에 말이 많지 않은 사람조차도, 어떤 주제에 대해 이야기할 때는 열변을 토하는 경우가 있다. 하지만 그것을 진지하게 들어주는 사람이 없으면 그런 욕구를 해소할 수가 없다. 그리고 좋은 청자(듣는 사람)를 만나는 것은 생각보다 쉽지 않다.

그래서 내 이야기를 잘 들어주는 사람은 나에게 귀한 사람이 된다. 생각해 보면 참 쉽지 않은가? 어떤 사람의 말을 잘 들어주기만 해도 그 사람에게 귀한 사람이 되는 것이다. 물론, 잘 들어주는 것이 생각만큼 쉬운 것은 아니다. 진지하게 경청하는 일은 말하는 것보다 더 많은 에너지를 소모하기 때문이다. 게다가 상대방이 계속 대화의 중심에 있게 하려고 적절한 반응도 보여주어야 하고, 내가 하고 싶은 말도 많이 참아야 한다. 그래도, 이것만큼 상대방과 나의 관계를 좋은 방향으로 만들어 주는 것도 드물기 때문에, 커뮤니케이션에 관심이 있다면 잘 듣는 것을 연습해 두는 것도 꼭 필요할 것이다.

▷ 분위기 파악하기

사람은 환경의 영향을 많이 받는다. 좋아하는 이성에게 프러포즈를 할 때 낭만적인 분위기를 찾거나 만드는 것도 그것이 상당한 영향을 미치기 때문이다. 어떤 사람과 커뮤니케이션을 하고자 할 때는 적당한 시간과 공간에 대해 같이 고민하는 것이 좋다. 목적이 있는 커뮤니케이션이면 더 그렇다.

사실, 우리는 어느 정도 이것에 대해 잘 알고 있다. 어렸을 때부터 경험적으로 체득되는 부분이 있기 때문이다. 엄마와 부부싸움을 한 아빠에게 용돈이 필요하다고 이야기하는 무모한 자녀는 별로 없을 것이다. 그보다는 안마를 하거나, 애교를 부려서 좋은 분위기를 먼저 만든 다음에 용돈 이야기를 꺼내는 자녀들이 더 많다. 경험적으로 언제 이야기를 꺼내는 것이 목적을 달성하기에 좋은지 알고 있는 것이다.

그런데 직장생활에서는 오히려 이것을 잊고 있는 경우가 많이 관찰된다. 직장생활에서는 개인의 감정이나 정서를 배제해야 한다는 인식이 이런 것을 방해하는 것 같다. 일에 감정을 개입시키지 않는 것이 프로라는 것이다. 틀린 말은 아니다. 스스로 감정의 영향에서 벗어나려는 노력이 직장인에게 필요하다. 하지만 상대방에게 그것을 요구하는 것은 프로가 아니다. 그보다는 상대방이 감정적으로 안정된 상태에 있을 수 있도록 배려하는 것이 프로다. 합리적인 의견 교환이 필요한 상황이라면, 합리적인 사고를 할 수 있는 조건에서 커뮤니케이션을 진행하는 것이 프로인 것이다. 좋은 커뮤니케이션을 하고자 한다면, 상대방이 커뮤니케이션을 편하게 할 수 있게 하는 것이 필요하다.

- 상대방의 기분이 괜찮아 보이는가?

- 상대방에게 급한 일이 있지는 않은가?

- 상대방이 무언가에 몰입하고 있는 상황은 아닌가?

- 상대방이 이야기를 나누기 편한 장소인가?

- 상대방이 불편해하는 사람이 주변에 있는가?

▷ 좋은 표현 익혀 두기

우리나라에 참 좋은 속담이 있다. "아 다르고 어 다르다"는 속담이다. 같은 말이라도 어떻게 말하느냐에 따라 상대방이 받아들이는 것이 다르다는 이야기다. 말을 그럴듯하게 하는 사람의 말을 잘 살펴보면, 생각보다 다른 사람들과 크게 다르지 않아 보이는 경우들이 있다. 그런데 이상하게 그 사람의 말은 더 설득력 있고, 더 잘 이해된다. 표현의 차이가 그런 결과를 만들어 낸다.

내용이 중요하지 않다는 것이 아니다. 내용이 좋아도 표현에 따라서는 그것이 잘 전달되지 않을 수 있다는 것이다. 심지어 내용에는 문제가 없는데 표현이 상대방의 감정을 상하게 할 수도 있다. 따라서 좋은 내용을 담기 위한 노력만큼, 좋은 표현을 만들어 내려는 노력도 필요하다.

그런데 글은 표현을 미리 잘 정리해서 전달할 수 있지만, 말은 그것이 쉽지 않다. 말은 짧은 시간 안에 표현을 만들어야 하기 때문이다. 좋은 표현으로 말하기 위해서는, 평소에 연습을 많이 해서 그런 표현에 익숙해져야 한다. 말을 잘하거나 글을 잘 쓰는 사람들의 말과 글을 보고, 좋은 표현을 찾아내어 그것을 일상생활에서 자꾸 활용해 봐야 한다. 처음에는 좀 어색할 수 있지만, 자꾸 연습하다 보면 익숙해진다. 그리고 점차 말을 '듣기 좋게' 하는 사람이 되어갈 것이다.

[좋은 표현의 예시]

– 나폴레옹 씨, 거기 휴지 좀 집어주세요.

→ 나폴레옹 씨, 거기 휴지 좀 집어주실 수 있을까요? (지시문 보다는 부탁의 형식으로)

– 다빈치 씨, 이 그림에는 왜 그림자가 없죠?

→ 다빈치 씨, 이 그림에는 그림자가 없네요. 어떤 이유가 있으실까요? (따지는 느낌보다 궁금하다는 느낌이 들도록)

– 많이 기다리셨죠? 차가 밀려서요.

→ 기다리게 해서 죄송합니다. 길이 막히는 걸 생각하지 못했네요. (변명이 아니라 사과를 하고, 자신의 실수를 인정하는 말로)

– 그건 비용이 많이 들어서 안 돼요.

→ 그것도 좋은 생각이지만 비용이 많이 들어서 어렵겠네요. (상대방의 의견을 존중하면서 거절)

SUMMARY

1. 말보다는 글로 연습하기

- 말보다는 글이 검토하고 수정하기 좋다.

- 다른 사람에게 의견을 구할 때도 글이 좋다.

- 글로는 연습되지 않는 것도 있지만, 좋은 '문장'을 만드는 데는
  글이 확실히 좋다.

2. 하고 싶은 말을 다 하지 않기

- 좋은 커뮤니케이터는 필요하지 않은 말을 하지 않는다.

- 좋은 말이라도 많이 하면 오히려 효과가 떨어진다.

- 안 해도 될 말이 문제를 일으킬 때가 많다.

3. 잘 듣기

- 잘 듣는 것만으로 목적을 달성할 수도 있다.

- 사람들의 이야기를 잘 들어주는 사람은 그 사람에게 귀한 사람이 된다.

- 잘 듣는 것도 연습이 필요하다.

4. 분위기 파악하기

- 사람은 환경의 영향을 잘 받는다.

- 일상생활에서는 분위기를 살피면서도, 직장생활에서는
  소홀한 경우가 있다.

- 상대방이 편하게 커뮤니케이션을 할 수 있도록 배려할 필요가 있다.

5. 좋은 표현 익혀 두기

- 같은 말이라도 표현에 따라 받아들이는 것이 달라진다.

- 좋은 내용을 담는 노력만큼 좋은 표현을 만드는 노력도 필요하다.

- 좋은 표현으로 말하는 것은 평소에 연습해서 익숙해져야 한다.

자동 회사 습관

16

인간관계의 근본은 신뢰다

PREVIEW

18세기 영국의 어느 항구에 배가 한 척 정박해 있었다. 이 배는 남미의 해안을 탐사하고, 해도를 그리기 위해 항해를 떠날 예정이었다. 항해는 최소 2년은 걸릴 것이었고, 때에 따라서는 더 길어질 수도 있었다. 선장은 같이 항해를 떠날 선원을 모집하고 있었고, 한 남자가 그 배에 합류하기 위해 지원했다. 선장은 그 남자를 인터뷰했고, 남자가 전에 탔던 배의 선원들을 만나 그 남자에 대해 물었다. 그리고 남자에게 몇 가지 작업을 시켜본 뒤, 최종적으로 배에 합류시켰다.

선장이 그 남자로부터 확인하고 싶었던 것은 무엇이었을까? 아마도 선장이 확인하고 싶었던 것은 '신뢰할 수 있는 사람인가'였을 것이다. 탐사는 오랜 기간이 소요된다. 그 기간 동안 어려운 일도 많이 겪게 된다. 때로는 예상치 못한 유혹이 선원을 시험할 수도 있다. 배에 탈 수 있는 사람의 수는 정해져 있고, 중간에 새로운 선원을 구하는 것도 쉽지 않다. 따라서 처음부터 신뢰할 수 있는 사람을 배에 태우는 것이 중요하다. 선원 간의 신뢰가 깨지면 항해는 물론이고, 선원들의 안전도 보장할 수 없기 때문이다.

▷ 신뢰할 수 있는 사람이 필요하다

프로젝트도 긴 것은 몇 년씩 걸린다. 그리고 프로젝트의 운명에 영향을 미치는 위기와 난관을 반복해서 만나게 된다. 그 와중에 프로젝트를 이탈하는 사람이 생길 수도 있고, 그 자리를 금방 채우지 못해 난처해질 수도 있다. 배에 탈 수 있는 인원이 정해져 있듯, 프로젝트에 참여할 수 있는 사람의 수도 정해져 있다. 그래서 신뢰할 수 없는 참여자의 존재는 프로젝트에 위협이 된다.

반대로, 신뢰할 수 있는 참여자는 프로젝트에 큰 힘이 된다. 어려운 일에 부딪혔을 때, 자기 안전만 생각하지 않고 팀의 위기를 해결하려는 사람이 있으면, 그 의지가 팀 전체에 전파되어 프로젝트가 위기를 극복할 힘을 만들어 준다. 그리고 평소에도, 그 사람이 맡은 역할에 대해 다른 사람이 신경 쓰지 않아도 되기 때문에 팀의 에너지를 아껴주고, 사람들이 자기 일에 좀 더 몰입할 수 있도록 해준다. 그래서 사람들은 신뢰할 수 있는 사람을 좋아하고, 신뢰할 수 있는 사람과 일하고 싶어 한다. 심지어 관리자들은 믿을 수 있는 사람의 목록을 가지고 있고, 그것을 늘 관리하며, 때로는 그것이 관리자의 '자산'이 되기도 한다.

▷ 어떻게 신뢰를 쌓는가

신뢰의 기반은 '예측 가능함'이다. 어떤 사람의 행동을 예상할 수 있어야 그 사람을 신뢰할 수 있다. 예를 들어, 농구에서 동료가 어디로 움직일지 예측할 수 없다면, 사적으로는 그 사람을 신뢰할 수 있어도 시합에서는 그 사람을 신뢰할 수 없을 것이다. 그리고 이런 '예측 가능함'은 바로 '일관성'에서 비롯된다. 아무리 능력이 있는 사람이라도, 기분에 따라 일을 했다가 안 했다가 하면 동료로부터 신뢰받기 어렵다. 반면, 역량이 조금 부족해도 언제나 꾸준히 자기 역할을 하는 사람은 신뢰할 수 있다. 사람들, 특히 관리자들은 이렇게 일정한 모습을 보이는 구성원을 좋아한다. 따라서 일관되고 꾸준한 모습을 보여주는 것이 신뢰를 쌓는 데 필요하다.

신뢰와 관련된 또 하나의 중요한 특성이 바로 '동질성'이다. 자신과 닮은 것을 신뢰하는 것은 자연의 법칙에 해당한다. 사람도 마찬가지여서, 자신과 공통점이 많은 존재에게 더 쉽게 신뢰를 부여한다. 아마 자신과 닮은 사람은 자신과 충돌할 가능성도 작고, 자신이 중요하게 여기는 가치를 똑같이 중요하게 여길 것이라고 생각하기 때문일 것이다. 그리고 자신과 닮았다는 것은, 그 사람의 행동을 예측하기도 쉽다는 것을 뜻한다.

'동질성'을 확보하기 위해 사적인 영역까지 사람들과 맞춰야 하는 것은 아니다. 물론 어떤 사람과 취미나 기호가 맞는다면, 그것을 드러내서 신뢰를 강화할 수 있다. 하지만 맞지 않는 부분까지 억지로 맞출 필요는 없다. 그보다는, 조직이 목표로 하는 것과 중요하게 생각하는 가치를 받아들이고, 조직의 문화에 동화되려 노력하는 것을 말한다. 일을 하기 위해 모인 집단에서, 조직의 일원으로서의 동질성을 갖지 못하면 신뢰받기 어렵다. 만약, 그것이 자신과 너무 맞지 않아 힘들다면 그 조직이 자신에게 적합하지 않은 것으로, 자신에게 맞는 다른 조직을 찾아 합류하는 것이 더 좋을 수 있다.

마지막으로, '실수'도 신뢰를 쌓는 데 도움이 된다. 사람은 누구나 실수를 한다. 그리고 많은 사람이 자신의 실수를 인정하는 것을 불편해한다. 그래서 자신의 실수나 실패를 감추려는 행동이 발생하고, 그러다가 다른 사람에게 해를 입히는 상황으로 이어지기도 한다. 직장생활을 하다 보면 이런 일이 종종 벌어지는데, 그러다 보니 실수를 인정하는 사람, 실수를 숨기지 않는 사람은 좀 더 신뢰할 수 있는 사람이 된다. 자신이 책임져야 할 것을 온전히 책임지려는 사람만큼 투명하고 예측 가능한 사람도 드물 것이다.

물론, 실수는 많이 안 하는 것이 좋다. 실수를 하라는 것이 아니라, 실수했을 때의 행동에 대해 이야기하는 것이다. 특히, 커리어를 시작한 지 얼마 되지 않은 사람에게 이것은 상당히 중요하다. 아직 업무가 서툰 시절에는 실수를 충분히 할 수 있다. 조직과 동료도 주니어의 실수에 대해서는 비교적 관대한 편이다. 하지만 실수를 하고 난 뒤의 행동에 대해서는 세심하게 살핀다. 그것을 통해 그 사람이 어떤 사람인가를 잘 알 수 있기 때문이기도 하고, 사람의 태도는 시간이 지나도 잘 바뀌지 않는 것이기 때문이기도 하다. 그래서 채용 과정에서도 관련된 질문이 자주 등장하는 것이다.

▷ 신뢰할 수 있는 사람을 찾아라

신뢰할 수 있는 사람이 되는 것도 필요하지만 본인이 신뢰할 수 있는 사람을 찾는 것도 중요하다. 직장이라는 곳은 여러 사람의 이해가 얽혀 있는 곳이다. 그 이해관계에 따라 사람들의 태도와 행동은 손바닥 뒤집듯이 달라질 수 있다. 따라서 그런 행동을 평가하기보다는 그것을 하나의 환경으로 받아들이고, 그 안에서 자신의 커리어를 어떻게 지키고 발전시켜 나갈지를 생각하는 것이 좋다. 그러기 위해서는 자신이 신뢰할 수 있는 사람의 존재가 필요하다.

직장생활에서는 인적 네트워크가 상당히 중요하다. 인적 네트워크는 직장생활을 시작하면서부터 형성되는데, 상당히 많은 사람이 처음에 형성된 인적 네트워크를 잘 벗어나지 못한다. 그리고 그 네트워크에서 학습한 내용도 상당히 오랜 기간 영향력을 행사한다. 그래서 초기에 어떤 사람들과 관계를 맺는지가 커리어를 크게 좌우한다.

직장생활을 하면서 내가 원하는 사람들하고만 관계를 맺기는 어렵다. 커리어를 이제 막 시작하는 사람은 더 그럴 것이다.

하지만 더 깊은 교류를 하고, 팀이라는 울타리를 벗어나서도 계속 '동료' 관계를 맺을 사람을 선택할 수는 있다. 그런 사람이 하나둘 쌓이면서 형성된 네트워크는 커리어 내내 큰 힘이 된다.

시간이 지나고 연차가 쌓일수록 신뢰할 수 있는 인적 네트워크의 중요성도 커진다. 연차가 쌓이면 영향력과 책임의 크기도 커지기 때문에, 신뢰할 수 있는 동료가 더 필요하게 된다. 특히 리더의 역할을 맡고 싶은 사람이라면, 좋은 네트워크를 가지는 것이 거의 절대적으로 필요하다고 할 수 있다. 이런 네트워크가 하루아침에 형성되는 것은 아니다. 따라서 커리어를 시작했을 때부터, 좋은 사람을 찾고 관계를 맺는 노력을 해두는 것이 좋다.

SUMMARY

1. 신뢰할 수 있는 사람이 필요하다

- 호흡이 긴 프로젝트일수록 신뢰할 수 없는 참여자는 위협이 된다.

- 반대로, 신뢰할 수 있는 참여자는 프로젝트에 큰 힘이 되며,
  관리자에게는 중요한 '자산'이 되기도 한다.

2. 어떻게 신뢰를 쌓는가

- 일관적인 행동을 통해 예측 가능한 사람이 되어야 한다.

- 조직의 목표와 문화를 받아들일 수 있어야 한다.

- 자신의 실수를 인정하고, 그것에 대해 책임지는 모습을 보여야 한다.

3. 신뢰할 수 있는 사람을 찾아라

- 신뢰할 수 있는 사람의 네트워크는 커리어에서 굉장히 중요하다.

- 이런 네트워크는 금방 형성되지 않기 때문에 커리어 초기부터
  꾸준히 만들어 나가야 한다.

- 리더를 꿈꾸는 사람에게는 반드시 필요한 부분이다.

17

동료에게 좋은 평판을 얻어야 하는 이유

PREVIEW

커리어를 이제 막 시작하는 사람이라면, 좋은 평가를 받고 싶은 마음이 있을 것이다. 좋은 평가를 받아서 빨리 승진도 하고 싶고, 높은 연봉도 받고 싶을 것이다. 혹은 더 많은 권한을 획득해서 하고 싶은 일을 하는 것을 소망할 수도 있다. 그런데 커리어를 시작하는 사람이 상사의 평가보다 더 신경 써야 하는 것이 하나 있다. 바로 동료로부터의 '평판'이다.

초등학교, 중학교, 고등학교만 해도 12년, 거기에 대학교까지 더하면 약 14~16년 정도의 기간 동안 우리는 끊임없이 평가받는 환경에서 살게 된다. 이 시기의 평가는 대체로 자신이 속한 조직이나 시스템, 조직의 관리자로부터 받는 평가다. 그래서 이런 명시적인 평가를 잘 받으려고 노력하는 데 익숙하다. 반면, 같은 눈높이의 학생들에게서 받는 평판에는 상대적으로 관심을 덜 두게 된다. 그것이 경쟁에서 앞서 나가는 것과 크게 상관없기 때문일 것이다. 하지만 직장생활은 조금 다르다. 직장생활에서는 A, B, C, D로 명확하게 드러나지 않는 '평판'이 오히려 더 중요할 수 있다.

자동 회사 습관

승진이든, 연봉 상승이든, 일정한 비율로 꾸준히 올라가기 보다는 중간에 한 번씩 어떤 계기를 통해 뛰어오르는 경우가 많다. 그런 계기는 이직일 수도 있고, 중요한 프로젝트를 맡게 되는 경우일 수도 있다. 결국, 좋은 기회를 자주 얻어야 그만큼 원하는 것을 얻기 쉬워지는 것이다. 그런데 좋은 평판은 이런 기회를 더 많이 만들어 준다.

하나의 게임을 만드는 40명 규모의 게임 제작팀을 생각해 보자. 그 안에 나의 상사에 해당하는 사람은 두세 명 있을 것이다. 다른 파트의 리더까지 합쳐도 10명 정도다. 나머지 30명 정도는 나와 같은 직급의 사람들이다. 그런데 이 30명의 사람이 계속 같은 회사에서 일을 하는 것이 아니다. 시간이 지나면서 대부분 다른 회사로 이직하게 된다. 한마디로, 업계의 여러 회사로 퍼져 나가는 것이다. 그와 동시에 나에 대한 평판도 업계에 퍼지게 된다. 상사들도 이직을 한다. 하지만 동료에 비해 그 수가 적고, 아마 이직도 적을 것이다. 따라서 업계에 흘러 다니는 나에 대한 평판은 상사보다는 동료에 의해 좌우될 가능성이 더 높다.

물론, 전(前) 동료들이 뜬금없이 내 이야기를 하고 다니지는 않을 것이다. 하지만 자신의 조직에서 사람이 필요할 때면 과거에 일했던 사람 중에서 괜찮은 사람을 먼저 떠올리게 되고, 추천하게 된다. 채용을 진행해 본 사람들은 '아는 사람', '같이 일해본 사람'만큼 확실하고 믿을 수 있는 사람이 없다는 것을 알고 있다. 그래서 같이 일했던 사람의 추천이 큰 위력을 발휘한다. 이 때문에 많은 회사에서는 구성원의 '인재 추천'에 별도의 보상을 걸기도 한다.

쇼핑을 할 때는 이미 구매한 사람들의 리뷰를 확인한다. 음식을 배달시키거나, 영화를 선택할 때도 사람들은 이미 경험한 사람의 리뷰를 많이 참고한다. 동료 평판은 바로 이 '리뷰'에 해당한다. 나를 경험해 본 사람이 나에 대해 남기는 공개적인 리뷰인 것이다.

▷ 좋은 평판은 실수와 약점을 가려준다

"아이언맨 님, 오늘까지 끝내기로 한 작업이 다 끝나지 않았다고요? 몸이 안 좋으신가요? 혹시 무슨 일 있으세요? 무슨 일 있으면 편하게 말씀하시고요. 작업물은 내일 주세요."

"타노스 님, 오늘까지 끝내기로 한 작업이 다 끝나지 않았다고요? 오늘까지 작업물 공유해 주기로 했잖아요. 이렇게 약속을 지키지 않으면 곤란합니다."

평판이 좋은 사람이 있다. 사람들은 그 사람이 친절하고, 성실하다고 생각한다. 그런데 그 사람은 약속 시간에 잘 늦는 단

자동 회사 습관

점이 있다. 매번 10~15분 정도 늦는다. 그래도 사람들은 그것을 크게 문제 삼지 않는다. 다른 부분이 좋기 때문에 그 정도는 적당히 넘어가 줄 수 있다. 반면, 평판이 좋지 않은 사람이 있다. 친절하지도 않고, 성실하지도 않다. 이 사람도 약속 시간에 잘 늦는다. 그러면 사람들은 매번 늦는다며 뭐라고 한다. '시간 개념이 없는 사람'으로 낙인찍어 버리기도 한다.

사람은 누구나 약점이 있다. 잘 못하는 것도 있고, 잘 모르는 것도 있다. 그리고 누구나 종종 실수를 한다. 그런데 평소의 평판에 따라 그것을 받아들이는 다른 사람의 반응이 크게 달라진다. 평판이 좋은 사람은 실수해도 커리어에 크게 문제 되지 않을 수 있다. 심지어 다른 사람의 기억 속에 오래 남지도 않는다.

사람에게는 무의식적으로 자기 생각과 기억을 일관되게 만드는 경향이 있는 것 같다. 평소에 좋게 보는 사람에 대해서는 좋은 일 위주로 기억하게 되지만, 평소에 나쁘게 보던 사람에 대해서는 나쁜 일 위주로 기억한다. 따라서 평판이 좋을수록 나의 실수와 약점은 가려지고, 나의 업적과 강점이 드러나는 효과가 나타난다. 그것이 직장생활에 도움이 될 것은 두말할 필요가 없다.

▷ 좋은 평판은 좋은 관계를 만들어 준다

직장생활을 시작하면 직장에서 보내는 시간이 많아진다. 자는 시간을 빼고 나면 내가 가진 시간의 40~50%를 직장에서 보내게 된다. 그래서 직장생활이 행복하지 않으면 삶이 행복해지기가 어렵다. 그리고 행복과 불행의 많은 부분은 바로 '관계'에서 비롯된다.

직장생활의 힘든 점이 여러 가지 있지만, 가장 흔하게 사람들을 괴롭히는 것이 바로 '관계'일 것이다. 직장에서의 불편한 관계 때문에 스트레스를 받는 사람이 많다. 가끔 보도되는 안타까운 뉴스에서도 '관계'가 원인이 되는 경우가 많이 보인다. 그래서 어떤 사람들은 직장에서 좋은 동료를 만나는 것을 최고의 행운으로 여기기도 하고, 심지어 더 좋은 조건의 직장을 마다하기도 한다.

사람들은 평판이 좋은 사람을 자기편으로 만들고 싶어 한다. 좋은 평판에는 좋은 관계를 만들어 주는 힘이 있다. 좋은 관계는 호의적인 행동을 불러오고, 호의적인 행동이 반복되면 직장생활에 즐거움이 더해진다. 그뿐만 아니라, 직장생활을 하면서 겪는 여러 고난과 좌절을 극복하는 원동력이 되기도 한다.

SUMMARY

1. 좋은 평판은 기회를 만들어 준다

- 나와 같이 일했던 동료들이 업계의 다른 회사들로 이직한다.
- 사람들은 팀에 새로운 구성원이 필요할 때, 같이 일했던 사람을 먼저 떠올린다.
- 같이 일했던 사람들의 평판이야말로 믿을 수 있는 평가 기준이 된다.

2. 좋은 평판은 실수와 약점을 가려준다

- 좋은 평판을 가지고 있는 사람의 실수와 약점은 대수롭지 않게 여겨진다.
- 평판이 나쁘면 작은 실수도 문제가 될 수 있다.
- 좋은 평판은 사람들이 나의 좋은 점만 기억하게 만들어 준다.

3. 좋은 평판은 좋은 관계를 만들어 준다

- 직장생활의 행복은 삶의 행복에서 큰 비중을 차지한다.
- 직장생활의 행복은 '관계'에 크게 좌우된다.
- 좋은 평판은 좋은 관계를 만드는 데 도움이 된다.

(18)

멀리해야 할 사람들

PREVIEW

직장생활의 시작은 곧 새로운 인간관계의 시작이다. 새로운 사람을 많이 만나게 되는 것은 물론이고, 새로운 조건과 환경에서 인간관계를 맺게 된다. 또한 커리어 내내 인간관계로부터 커다란 영향을 받게 되므로, 가까이해야 할 사람과 멀리해야 할 사람을 구분해야 한다. 특히 직장생활을 막 시작할 때 이 부분을 주의해야 하는데, 초기에 맺은 인간관계가 커리어에 꽤 오래 영향을 미치기 때문이다. 심지어 가끔은 그 인간관계에서 잘 벗어나지 못하게 되는 경우도 있다.

▷ 험담을 즐기는 사람

다른 사람에 관한 험담을 즐기는 사람이 있다. 본인의 자존감을 채우기 위해서일 수도 있고, 대화를 주도하고 싶어서일 수도 있으며, 그냥 불평불만이 많아서일 수도 있다. 어떤 경우든 이런 사람은 가까이하지 않는 것이 좋다. 언뜻 생각하면 이 사람이 자신과 가깝지 않은 사람들만 비판하는 것 같지만, 사실은 그렇지 않다. 이런 사람들은 온 사방으로 총알을 날린다.

나와 함께 있을 때는 당연히 내 험담을 하지 않는다. 하지만 내가 없는 자리에서는 내 험담을 하고 있을 수 있다. 아마 그럴 가능성이 상당히 높을 것이다. 특히 내가 자신이 원하는 대로 행동해 주지 않으면 그럴 가능성이 더 크게 올라간다.

단순히 내 험담을 하니까 가까이하지 말라는 것은 아니다. 그보다 더 중요한 이유가 있다. 그 사람이 험담을 일삼는다는 것을 대부분의 사람이 알고 있다는 사실이다. 그래서 그 사람과 가까이 지내면 나도 험담을 일삼는 사람으로 기억되기 쉽다. 심지어 이런 사람은 적이 많을 수도 있는데, 이 사람과 가까이 있으면 아무런 사건도 없었는데 어느새 나에게도 많은 적이 쌓여 있을 수 있다.

▷ 나를 울타리에 가두려는 사람

"나만 믿고 따라와"라는 소리는 참 달콤하다. 그 사람만 믿고 따라가면 전설 속의 황금 도시 엘도라도에 도달할 수 있을 것만 같다. 하지만 이런 이야기를 하는 사람 중에는 정말 좋은 사람도 있고, 그렇지 않은 사람도 있다.

나를 정말 소중하게 생각하고, 내가 잘 성장하기를 바라는 사람이라면, 나를 자신의 울타리에 가두려고 하지 않을 것이다.

좋은 사람을 소개해 주어 인연을 맺을 수 있게 하고, 좋은 기회를 잡을 수 있게 도와줄 것이다. 자신의 노하우를 아낌없이 가르쳐 주고, 내가 자신보다 더 큰 성공을 이루더라도 기꺼이 축하해 줄 것이다.

반면, 나를 자신의 성공을 위한 도구로 생각하는 사람도 있다. 그런 사람은 내가 쓸만하다고 생각할수록 나를 더 자신의 그늘 안에 가두려고 한다. 좋은 사람이나 좋은 기회를 소개해 주지도 않고, 자신의 목적을 위해 필요한 정도로만 성장시키려 할 것이다.

"나만 믿고 따라와"라는 말이 나쁜 것은 아니다. 다만, 그렇게 말하는 사람이 실제로 나를 어떻게 대하는지, 내가 세상에 우뚝 설 수 있게 도와주고 있는지 잘 지켜보라는 것이다. 말을 믿지 말고, 행동을 보고 판단하라는 것이다. 나를 대하는 태도는 앞으로도 크게 변하지 않을 것이다.

▷ 말로만 일하는 사람

바둑이나 축구 같은 취미 생활을 하다 보면, 말로는 전문가인데 실제 실력은 별로인 사람이 있다. 직장에도 이런 사람이 있다. 말로는 일을 다 하고도 남았는데, 실제로는 일을 제대로 하지 않고 있는 사람이 있다. 실력이 부족한 경우라면 어느 정도 이해할 수 있는 여지가 있지만, 태도가 부족한 경우라면 상

 자동 회사 습관

당히 좋지 않다고 이야기할 수 있다.

직장생활은 시작이 중요하다. 무엇이나 마찬가지지만, 직장생활도 초기에 태도나 신념, 선입견 등이 형성된다. 그래서 직장생활을 시작할 때 좋은 사람을 만나는 것이 중요하다. 초기에 형성되는 태도, 신념, 선입견 등이 주로 다른 사람으로부터 영향을 받으면서 형성되기 때문이다. 그런데 말로만 일하는 사람을 가까이하면 좋지 않은 태도, 신념, 선입견 등이 형성될 가능성이 있다. 그렇게 형성된 태도, 신념, 선입견을 나중에 고치려면 무척 힘들다.

부족한 실력, 혹은 잘못된 태도를 말로 덮어야 하다 보니, 과장과 왜곡이 많이 섞인다. 그것이 쉽게 구분할 수 있다면 좋겠지만, 이런 사람 중에는 말을 상당히 잘하는 사람도 종종 있다. 그런 사람의 말을 직장생활 경험이 적은 사람이 가려내기는 쉽지 않다. 따라서 앞에서도 이야기했듯이, 주변 사람을 볼 때 그 사람의 말보다는 행동이나 일의 결과를 보는 것이 더 좋다. 만약 말로만 일하는 사람이라고 느껴지면 거리를 조금 두는 것이 좋다. 말로만 일하는 사람이라고 생각하고 있더라도, 계속 말을 듣다 보면 나도 모르게 영향을 받을 수 있기 때문이다.

▷ 성장하려고 하지 않는 사람

성장에 대한 욕구가 부족한 것은 인성의 문제는 아니다. 이런 사람을 나쁜 사람이라고 말하기는 어렵다. 다만, 커리어를 좋게 만들기 위해서는 성장을 위한 노력이 필요한데, 성장에 대한 욕구가 없는 사람과 같이 있으면 내가 가진 욕구도 점점 작아질 수 있다. 그러면 조금씩 조금씩, 내가 원하던 미래와 멀어지게 된다.

게다가 직장에서 생존하려면 연차에 맞는 성장이 반드시 필요하다. 성장하지 않는 사람은 나중에 다른 수단으로 생존을 도모할 가능성이 있다. 물론, 사람의 미래를 미리 부정적으로 판단하는 것은 좋지 않지만, 안 좋은 태도를 가진 시니어 중에는 충분한 역량을 가지지 못한 시니어가 많은 것이 사실이기도 하다.

그러므로, 지금을 위해서도 나중을 위해서도, 성장하지 않는 사람보다는 성장에 목말라하는 사람을 가까이에 둘 필요가 있다.

[그밖에 주의해야 할 유형]

– 불평, 불만이 많은 사람: 부정적인 태도는 전염된다.

– 실수를 인정하지 않는 사람: 주변 사람에게 책임을 전가할 수 있다.

– 다른 사람의 의견을 무시하는 사람: 내 성장에 방해가 될 수 있다.

– 감정에 자주 휩싸이는 사람: 같이 있으면 에너지가 빠르게 소진된다.

– 나서지 않으면서 타인을 부추기는 사람: 자기중심적이며 타인을 이용하려는 사람이다.

SUMMARY

1. 험담을 즐기는 사람

- 험담을 즐기는 사람은 가까운 사람이라고 예외로 생각하지 않는다.

- 험담을 즐기는 사람과 가까이 있으면 나도 같은 사람으로 인식될 수 있다.

2. 나를 울타리에 가두려는 사람

- 나를 진정으로 위하는 사람이 있고, 나를 도구로 생각하는 사람이 있다.

- 말보다는 행동으로 구별해야 한다.

3. 말로만 일하는 사람

- 이런 사람과 가까이 있으면 잘못된 태도, 신념, 선입견 등이
  형성될 수 있다.

- 직장생활 초기에 형성된 태도, 신념, 선입견은 잘 바뀌지 않는다.

4. 성장하려고 하지 않는 사람

- 성장에 대한 욕구가 부족한 사람과 있으면 성장에 대한
  나의 열망도 식을 수 있다.

- 충분히 성장하지 못하는 사람은 나중에 좋지 못한 방향으로
  발전할 수 있다.

19

가까이하면 좋은 사람들

PREVIEW

'인복(人福)'이라는 말이 있다. '복'은 옛사람들이 최고의 행운으로 여기는 것에 붙였는데, 좋은 사람을 만나는 것도 그런 행운 중 하나로 꼽힌 것이다. 그런데 예전과 조금 달라진 것이 있다. 예전에 비해 지금은 스스로 만들어 가는 인간관계의 비중이 더 커졌다. 예전에는 주어진 환경을 받아들여야 하는 부분이 많았던 반면, 지금은 환경을 선택하거나 수정하는 것이 더 수월하다. 그래서 '복'으로 여기기보다 '기술'로 여기는 것이 더 자연스러워졌다. 좋은 인간관계를 만들기 위해서는 먼저 좋은 사람을 구분할 수 있어야 하겠다. 아마, 대부분의 사람이 이미 좋은 사람과 나쁜 사람을 구분하고 있을 것이다. 직장생활에서도 특별히 나에게 도움이 되는 사람들이 있다. 여러 가지 유형의 사람들이 있지만, 그중 몇 가지만 나열해 보고자 한다.

▷ 긍정적인 사람

기분과 태도는 전염된다. 기분 좋은 사람 옆에 있으면 기분이 좋아지고, 기분이 좋지 않은 사람 옆에 있으면 같이 기분이

나빠진다. 비관적인 사람 옆에 있으면 걱정이 늘어나게 되고, 낙관적인 사람 옆에 있으면 덩달아 낙관적으로 변한다.

긍정적인 태도는 굉장히 중요하다. 긍정적인 태도는 적극적인 활동으로 이어진다. 어려운 일이 있을 때 해결책을 찾도록 도와주기도 하고, 행복한 감정을 느끼는 시간을 늘려주기도 한다. 그런데 긍정적인 태도를 형성하거나 유지하려면, 주변에 긍정적인 태도를 가진 사람이 있는 것이 좋다.

직장생활은 '정글'에 많이 비유된다. 곳곳에 '좌절'이 함정처럼 숨어 있다. 긍정적인 태도를 가지고 있다 해도, 계속 유지하기가 쉽지 않다. 그러니 주변에 긍정적인 사람이 있으면 그 사람과 가까이 지내보자. 그 사람으로부터 긍정적인 에너지를 충전 받고, 가능하면 내가 가진 긍정적인 에너지도 나누어 보자. 서로에게 에너지를 주고받는 관계가 형성되면 정글 같은 직장생활을 헤쳐 나가는 데 큰 힘이 된다.

▷ 거짓말하지 않는 사람

커리어에서 '신뢰'는 굉장히 중요한 요소다. 인간관계에서도 내가 믿을 수 있는 사람이 있는 것과 없는 것은 큰 차이가 있다. 그런데 신뢰할 수 있는 사람을 구별하는 것이 생각보다 쉽지 않다. 사람들은 특별한 상황에서만 본색을 드러내기 때문이다. 평소에는 믿을 만하게 보였던 사람이 중요한 상황에서 믿을 수 없는 행동을 하기도 한다.

그런 면에서, 작은 거짓도 허용하지 않는 사람들을 유심히 살펴볼 필요가 있다. 순수하게 정직을 추구하는 사람들이 간혹 있다. 선의의 거짓말도 불편해하고, 작은 횡단보도의 신호등도 꼭 지켜야 하는 사람들이 있다. 그래서 융통성이 없어 보이기도 하고, 재미가 없다는 말도 듣는다. 하지만 이런 사람들은 중요하고 특별한 상황에서도 일관성을 유지할 가능성이 높다.

신뢰는 일관성에 기반한다. 어떤 사람의 말과 행동을 예측할 수 있다면, 그 사람을 신뢰할 수 있다. 물론, 그 사람의 말과 행동이 나와 잘 어울리지 않을 수도 있다. 하지만 '다름'은 어떤 관계에도 존재하는 것이고, 오히려 '다름'이 필요한 상황도 많다. 반면, '거짓'과 '배신'은 거의 언제나 나쁜 결과를 초래한다. 따라서 나와 생각이 다르거나 성향이 잘 맞지 않더라도, 믿을 수 있는 사람, 거짓말하지 않는 사람과는 좋은 인간관계를 형성해 두는 것이 좋다.

▷ 나에 관해 솔직하게 이야기해 주는 사람

거짓말을 하지 않는 사람이라고 하더라도, 모든 이야기를 다 하는 것은 아니다. 특히, 다른 사람을 평가하는 이야기는 대부분의 사람이 조심스러워하는 이야기다. 그러다 보니, 나에 관해 솔직하게 이야기해 주는 사람을 만나는 것이 쉽지 않다. 친

 자동 회사 습관

구나 가족끼리도 그런 이야기는 어렵다.

나를 가장 잘 아는 사람은 역시 '나 자신'일 것이다. 하지만 자기 자신에 대해 온전히 이해할 수 있는 사람은 사실 거의 없다. 내 안에는 내가 모르는 '무의식'도 존재하고, 사회생활을 하면서 형성된 '사회적인 나'도 존재한다. 심지어, 다른 사람에게 비치는 나의 페르소나는 나 혼자서는 절대 알아낼 수 없다.

나를 제대로 이해하는 것이 바로 '자아성찰'이다. 자아성찰이 제대로 되었을 때 사람은 더 빨리 성장한다. 그래서 나에 관해 이야기해 주는 사람을 소중히 여겨야 한다. 내가 없는 자리에서 말고, 내 앞에서 내 얘기를 해주는 사람이 소중한 사람이다. 그는 나를 성장시켜 주는 사람이고, 내가 올바른 길을 갈 수 있게 도와주는 사람이다. 만약 나도 그에게 솔직한 사람이 될 수 있다면, 서로가 서로를 성장시키는 좋은 벗이 될 수도 있을 것이다.

▷ 타인을 존중하는 사람

내 생각과 일치하는 것을 인정하는 것은 존중이 아니다. 존중이란 내 생각과 완전히 다른 것도 인정할 때 이루어진다. 타인을 존중하는 사람은, 동의하는 생각뿐만 아니라 동의하지 않는 생각도 인정하는 사람이다.

존중이 중요한 이유는, 그것이 좋은 인성과 좋은 인간관계의 밑바탕에 존재하는 특성이기 때문이다. 타인을 존중하는 마음 위에서 배려도 이루어지고, 겸손한 태도와 이타적인 행동이 나타나기도 한다. 그래서 타인을 존중하는 사람은 대체로 배울 것이 많은 사람이다. 즉, 나에게 좋은 스승이 될 수 있는 사람이다.

타인을 존중하는 사람의 중요한 특성 중 하나는 바로 '열린 마음'이다. 무엇이든 포용할 수 있는 마음이 있다 보니, 식견의 폭도 넓고 인간관계도 다양하다. 타인을 존중하는 사람 곁에 있으면 나도 더 많은 것을 보게 되고 배우게 된다. 그만큼 내 성장에 큰 도움이 된다. 게다가 내 생각과 행동도 존중해 줄 것이기 때문에, 내 자존감을 보존하는 데에도 긍정적인 영향을 미친다.

▷ 쉬운 길보다 옳은 길을 가는 사람

직장생활을 하다 보면, 쉬운 길과 옳은 길 사이에서 선택해야 할 때가 있다. 예를 들어, 팀장이 팀원을 평가할 때, 쉽게 하는 방법과 옳게 하는 방법이 있다. 고객을 위한 서비스에서 문제가 발견되었을 때, 쉽게 처리할 수도 있고 옳게 처리할 수도 있다.

이 글을 읽는 사람들은 당연히 옳은 쪽을 선택해야 한다고 생각할지도 모르겠다. 맞다. 옳은 쪽을 선택해야 한다. 하지만 현실에서 느껴지는 쉬운 쪽의 유혹은 매우 강렬하다. 옳은 쪽을 선택하는 것은 커다란 스트레스와 피로로 이어질 수 있다. 그래서 매번 옳은 선택을 하기가 상당히 어렵고, 실제로 많은 사람들이 쉬운 쪽을 선택한다.

이것이 옳은 길을 가는 사람을 가까이해야 하는 이유다. 혼자서는 쉬운 길의 유혹을 이겨내기가 어렵다. 하지만 옳은 길을 가는 동료가 있으면 그 유혹을 이겨내는 게 더 수월해진다. 쉬운 길을 선택할 때 많이 하는 합리화가 "다들 이렇게 하니까"이다. 옳은 길을 가던 사람도 그 길에 자기 혼자 있다는 생각이 들면 앞으로 나아가기가 어려워진다. 그래서 옳은 길을 가는 사람을 발견하면 그냥 지나치지 말고, 동료가 되려고 노력하는 것이 필요하다. 만약 스스로 옳은 길을 계속 가겠다는 의지가 있다면 말이다.

[그밖에 가까이하면 좋은 유형]

- 소통을 잘하는 사람: 소통의 노하우를 배울 수 있다.

- 자기 계발을 열심히 하는 사람: 함께 있으면 덩달아 자기 계발에 힘쓰게 된다.

- 기발한 생각을 많이 하는 사람: 선입견을 깨준다.

- 최신 소식에 밝은 사람: 새로운 지식을 많이 얻게 된다.

- 배려하는 행동을 많이 하는 사람: 배려하는 방법을 배울 수 있다.

(SUMMARY)

1. 긍정적인 사람

  - 긍정적인 태도는 어려운 상황을 이겨내게 도와주고
    행복한 시간을 늘려준다.

  - 긍정적인 사람과 함께 있으면 긍정적인 태도를 형성하고
    유지하기가 더 쉬워진다.

2. 거짓말하지 않는 사람

  - 신뢰할 수 있는 사람이 있는 것은 커리어에 매우 중요하다.

  - 작은 거짓말에도 불편해하는 사람은 말과 행동에 일관성이 있다.

  - 나와 생각이 다르더라도 말과 행동을 믿을 수 있는 사람이라면
    좋은 인간관계를 형성해 두는 것이 좋다.

3. 나에 관해 솔직하게 이야기해 주는 사람

  - 혼자서는 자신에 대해 완전히 이해하기 어렵다.

  - 자신을 온전히 이해하는 자아성찰은 성장에 큰 도움이 된다.

  - 서로에게 솔직히 이야기할 수 있으면, 서로를 성장시키는
    좋은 벗이 될 수 있다.

4. 타인을 존중하는 사람

  - 존중한다는 것은 내 생각과 다른 생각도 인정한다는 것이다.

  - 타인에 대한 존중을 가지고 있는 사람에게서는 대체로 배울 점이 많다.

  - 내 자존감을 보존하는 데에도 큰 도움이 된다.

5. 쉬운 길보다 옳은 길을 가는 사람

  - 스스로 옳은 길을 가고자 한다면, 똑같이 옳은 길을 가는 사람을
    가까이에 둘 필요가 있다.

  - 혼자가 아닐 때, 쉬운 길의 유혹을 더 잘 이겨낼 수 있다.

자동 회사 습관

20

하지 말아야 할 말들

PREVIEW

우리는 '할 일 목록'에 익숙하다. 꼭 먹어봐야 할 것, 꼭 가봐야 할 여행지, 20대에 꼭 해봐야 할 것 등이 유행한다. 그런데 현실에서 겪는 많은 문제는 '하지 말아야 할 것'을 하기 때문에 벌어진다. 예를 들어, 건강을 해치는 것도 운동이 부족해서라기보다는 먹지 말아야 할 것을 먹기 때문에 발생하는 경우가 더 많다.

이것은 인간관계에서도 마찬가지다. 해야 할 것을 안 해서보다는, 하지 말아야 할 것을 해서 문제가 발생할 때가 많다. 특히 말의 경우가 그렇다. 하지 말아야 할 말, 하지 않아도 될 말을 해서 문제를 일으키거나, 혹은 문제를 더 크게 만드는 경우들이 있다. 그렇다면 어떤 말들이 조심해야 할 말일까?

▷ "네가 몰라서 그래"

사람을 무시하는 말은 상당히 좋지 않은 말이다. 듣는 사람의 기분을 아주 빠르게 무너뜨리는 말이고, 말하는 사람이 나에 대해 어떻게 생각하는지 의심하게 만드는 말이기 때문이다. 많은 사람들이 무시하는 표현을 조심하고 있지만, 그 와중에도 종종 나타나는 표현들이 있다. 대표적인 것이 바로 "네가 몰라서 그래"이다.

"네가 몰라서 그래"는 다소 명확하게 표현한 것이다. 현실에서는 더 길게, 그리고 더 완곡하게 표현되는 경우가 많은데, 알고 보면 결국 "네가 몰라서 그래"로 귀결된다. 이런 표현이 사용되는 이유는, 말하는 사람이 이것을 '무시'라고 인식하지 않기 때문이다. 상대방이 모르는 것을 내가 알려주는 것이니까 오히려 '도움'으로 인식하기 쉽다. 하지만 듣는 사람 입장에서는 '무시'로 받아들여지기 쉽다.

이 표현은 또한 대화를 중단시킨다. 상대방이 주제에 대해 모른다고 단정하는 순간, 그 자리는 일방적인 '가르침'의 자리가 된다. 상대방의 의견을 들을 필요가 없다는 선언과 동일하게 여겨지는 것이다. 대화를 하고자 한다면 절대로 이런 식의 표현은 꺼내지 말아야 한다.

상대방이 잘 모른다는 생각이 들 수도 있다. 실제로 그런 경우도 있을 것이다. 그럴 때에도, "네가 몰라서 그래"보다는, "그렇게도 생각할 수 있구나. 그런데 내 생각은 이래"라고 하면서 내 생각과 그 생각의 근거를 풀어내는 것이 좋다. 상대방이 내 생각을 수용하도록 만들고 싶다면, 먼저 상대방의 생각과 말을 존중하는 것에서 시작해야 한다.

 자동 회사 습관

▷ "너는 맨날 실수해"

여기에서 핵심은 '맨날'에 있다. 사람은 누구나 실수할 수 있다. 그리고 다른 사람의 실수를 지적할 수도 있다. 그런데 그 표현에 '맨날'이 들어 있으면 의미가 조금 달라진다.

실수를 지적하는 말은 보통 행동에 집중한다. 축구에서 수비수가 사람의 위치를 놓쳤을 때, "공격수를 놓친다"라는 말은 사람을 놓친 행동에 집중하고 있다. 그런데 "공격수를 맨날 놓친다"라는 말은 행동에 집중하지 않는다. 바로 '사람'에 집중하고 있다. 즉, 행동을 지적하는 말이 아니라, 사람을 비난하는 말이 된다는 것이다.

같은 실수를 매번 반복하는 사람이 실제로는 많지 않다. 다만, 다른 사람들보다 같은 실수를 여러 번 하는 사람은 있을 수 있다. 이때 "맨날"을 사용해서 그 사람을 비난하는 경우가 있다. 한 달에 다섯 번 지각하면 맨날 지각하는 사람이 되고, 회의 자료를 세 번 빠뜨리면 맨날 자료를 빠뜨리는 사람이 된다.

사람을 공격하는 말은 좋지 않다. 감정적으로 불편함이 생길 수도 있고, 자신을 공격한다고 생각하는 사람은 행동을 수정하는 것보다 자신을 방어하는 데 더 몰두할 수도 있다. 따라서 '맨날'을 사용하기보다는 실제로 기억하는 횟수를 이야기하고 그 행동을 수정해 주기를 요청하는 것이 좋을 것이다.

▷ "보나 마나야"

무언가를 속단하는 말들이 있다. 세상일을 다 꿰뚫고 있다는 듯이 말하는 경우가 있다. 자신감이 있는 것도 좋고, 확신에 찬 표현을 할 수도 있지만, 그것이 지나치다고 느껴지는 말들이 있다. "보나 마나다", "척 보면 안다" 같은 말들이다.

이런 표현은 대화를 중단시킨다. 대화만 중단시키는 것이 아니라 사람들의 생각까지 중단시키려고 시도한다. 내가 말한 것이 정답이니 다른 사람은 생각할 필요가 없다는 것이다. 그래서 회의나 토론 같은 자리에서 특히 안 좋은 표현이 된다.

스스로 많이 안다고 생각하는 사람들이 이런 표현을 사용할 수 있다. 학습과 성장에 열심이거나 경험이 풍부한 사람들에게는 스스로 '확실하다'라고 생각하는 것이 하나둘 늘어난다. 그리고 자신이 확실히 알고 있다고 생각하는 주제에 관해 대화가 이루어질 때, 자신도 모르게 이런 표현을 쓰게 된다.

이런 표현을 조심하려면 말만 조심하는 것이 아니라 생각부터 조심해야 한다. 자신이 알고 있는 모든 것이 불확실하다는 인식을 가져야 한다. 물론, 이런 인식을 갖는 것이 쉽지는 않다. 자신이 알고 있는 것에 확신을 더하는 것은 본능에 가까운 일이기 때문이다. 그래서 늘 경계해야 한다. 특히 학습에 열심인 사람들은, 자신이 알게 된 사실을 언제든지 버릴 준비가 되어 있어야 한다.

자동 회사 습관

[그밖에 조심해야 할 말들]

- 그건 아무것도 아니야: 겨우 그 정도로 힘들어하냐는 비난으로 들릴 수 있다.
- 다른 사람들은 안 그래: 비교당하고 싶은 사람은 없다.
- 그걸 누가 몰라?: 나를 도와주려는 사람에게서, 도와주려는 마음을 없애버린다.
- 내가 그럴 줄 알았어: 무책임한 사람으로 보이기 쉽다.
- 이런 것도 못해?: 상대방의 자존감을 깎아내리는 말이다.

[반대로, 하면 좋은 말들]

- 네 말에도 일리가 있어: 의견이 다를 때 상대방의 의견을 존중하는 표현이다.
- 많이 힘들었겠다: 위로할 때, 감정에 먼저 공감해 주면 좋다.
- 네 생각은 어때?: 상대방에게 관심을 가지고 있다는 느낌을 준다.
- 너라면 잘 해낼 거야: 믿어주는 사람이 있다는 것은 큰 힘이 된다.
- 이야기해 줘서 고마워: 상대방이 불편한 이야기를 했을 때, 상대방의 마음을 편하게 만든다.

(SUMMARY)

1. "네가 몰라서 그래"

- 상대방을 무시하는 말은 상대방의 기분을 빠르게 무너뜨린다.

- 말하는 사람에게는 무시하는 마음이 없어도 상대방에게는
  무시로 느껴질 수 있다.

- 상대방이 모를 수밖에 없다고 단정하는 순간, 진정한 대화는
  불가능해진다.

- 상대방의 생각을 존중하면서 내 생각을 말하기만 하면 된다.

2. "너는 맨날 실수해"

- 실수를 지적하는 말에 '맨날'이 포함되면 사람을 비난하는 말이 된다.

- 몇 번의 반복된 실수를, 늘 실수하는 것으로 과장하기도 한다.

- 사람을 공격하는 말은, 행동을 수정하는 반응이 아니라
  자신을 방어하는 반응을 불러일으킬 수 있다.

3. "보나 마나야"

- 속단하는 말은 대화를 중단시킬 뿐만 아니라 생각의 중단까지도
  요구한다.

- 자신이 알고 있는 것에 확신이 있을 때 이런 표현을 쓰기 쉽다.

- 속단의 표현을 조심하려면 말만 조심하는 것이 아니라 생각도
  조심해야 한다.

- 학습과 성장에 열심인 사람일수록, 자신이 알고 있는 것의
  불확실성을 인식해야 한다.

21

부정적인 감정을 일으키지 않는 것

PREVIEW

인간관계에서 중요한 것 중 하나가 바로 '감정'이다. 어쩌면 가장 중요한 것이 감정일지도 모른다. 사람들과 좋은 인간관계를 형성하려면, 사람들이 나와 함께 있을 때 '좋은 감정'을 느낄 수 있게 만들면 된다. 나와 함께 있는 것이 좋은 감정으로 연결되면 사람들은 나를 좋아하고, 나에게 우호적으로 행동할 것이다.

그런데 '좋은 감정'을 느끼게 하는 것은 생각보다 어렵다. 좋은 감정을 느끼게 되는 요인이 사람마다 다양하고, 그런 요인을 만족시키는 것 자체가 쉽지 않기 때문이다. 반면, '나쁜 감정'을 느끼지 않게 하는 것은 좀 더 쉬운 편이다. 사람들에게 공통적으로 나쁜 감정을 불러일으키는 요인 중 몇 가지가 잘 알려져 있기 때문이다. 그리고 무엇을 하는 것보다 하지 않는 것이 대체로 실행하기가 쉽다.

직장생활에서 피해야 할 나쁜 감정 중 하나가 바로 '패배감'이다. 조금 더 넓게 이야기하면 '실패했다는 느낌'이라고 할 수 있다. 어떤 사람이 나와 함께 있을 때 '실패'를 경험하게 되면, 그 사람은 나와의 관계를 불편하게 느낄 수 있다. 많은 직장인이 '실패'에 아주 예민하기 때문이다. 따라서 좋은 인간관계를 위해서는, 상대방에게 '패배' 혹은 '실패'의 느낌이 들지 않게 하는 것이 필요하다.

▷ 토론은 이기려고 하는 것이 아니다

패배의 경험을 느끼게 하는 대표적인 자리가 바로 토론의 자리일 것 같다. 토론에서는 서로의 의견이 대립하고, 치열한 논쟁을 통해 승리한 의견과 패배한 의견이 갈리기 때문이다. 그런데 종종 결론을 받아들이지 못하고 억지를 부리는 경우가 있다. 감정을 개입시키는 경우도 있고, 부당한 수단으로 이기려고 하는 경우도 있다. 그 이유는 여러 가지가 있겠지만, '패배감'을 느끼고 싶지 않은 마음도 많이 작용한다.

예전에, 회사가 '치열한 논쟁'을 권장했던 적이 있다. 서양에서는 회의실 안에서 얼굴이 벌게지도록 싸우고, 회의가 끝나면 다시 웃으면서 잘 지낸다는 이야기도 들었다. 그리고 우리도 그렇게 해야 한다는 이야기들이 있었다. 그때는 그것이 상당히 그럴듯해 보였지만, 지금은 다르게 생각한다. 심지어, 내가 읽은 서양의 유명한 협상 서적도 그것과는 다른 이야기를 하고 있다.

협상과 토론은 상대방을 이기려고 하는 것이 아니다. 가장 좋은 결론을 만들어 내기 위해 하는 것이다. 승자와 패자를 만들지 않고도 그것은 충분히 가능하다. 그러기 위해서는 '선택'이 아니라 '탐색'의 관점이 필요하다. 누구의 의견이 더 좋은지가 아니라 가장 좋은 의견이 무엇인지를 함께 찾는 과정이 되어야 한다.

'내 의견'이 아니라 '이런 의견'으로 이야기를 풀면 도움이 된다. 내가 말한 의견이더라도 마치 다른 사람이 이야기한 의견

자동 회사 습관

인 것처럼 대화를 진행하는 것이다. 어떻게 보면 의견의 '소유권'을 제거하는 과정이라고 할 수 있다. 답이 아니라 문제에 집중하는 것도 도움이 된다. 문제에 대해 같이 탐색하고, 그 문제를 해결하기 위한 방안을 같이 찾아가는 과정으로 만들면, 누가 제안한 의견인지가 희석될 수 있다. 마지막으로, 어떤 의견이든 명시적으로 존중하는 표현이 필요하다. "그것도 좋은 생각이네요", "그렇게 생각할 수도 있군요" 같은 표현을 더하는 것이다. 자신의 의견이 충분히 존중받았다고 생각하면, 다른 사람의 의견이 선택되더라도 패배감을 느끼지 않게 된다.

일반적인 경우: "제 생각은 다릅니다. 알렉산더 님은 완전히 새로운 개념의 퍼즐 게임을 이야기하고 계신데요. 그것을 일반적인 플레이어들이 이해할 수 있을까요? 결국, 참신하기는 해도 결코 성공할 수 없는 게임이 될 겁니다."

더 좋은 표현: "완전히 새로운 개념의 퍼즐 게임을 말씀하시는군요. 알렉산더 님의 이야기에도 일리가 있습니다. 그런데 이런 의견은 어떨까요? 기존의 퍼즐과 너무 다르면 플레이어들이 퍼즐의 핵심 재미에 도달하기 어려울 수도 있으니까요. 참신한 느낌을 주면서도 플레이어들이 쉽게 이해하고 금방 익숙해질 수 있는 방법을 찾아봐야 하지 않을까요?"

▷ 틀린 말을 꼭 바로잡을 필요는 없다

어떤 사람이 '임진왜란'에 대해 사람들에게 열심히 설명하고 있다. 모두 재밌게 듣고 있는데, 중간에 잘못 설명한 부분이 있다. 이럴 때, 중간에 끼어들어서 그것을 바로잡는 사람이 있다.

틀린 것을 바로잡는 것이 나쁜 일은 아니다. 그냥 두면 사람들이 잘못된 정보를 사실로 알게 될 수 있으니, 바로잡아 주는 사람에게는 바로잡아야 하는 정당한 이유가 있다고 볼 수 있다. 다만, 그것이 꼭 '필요한' 일인가에 대해서는 이야기가 다르다. 만약 역사 수업 중에 선생님이 틀린 이야기를 했다면, 그것을 빨리 바로잡는 것이 필요할 수 있다. 하지만 회사에서 잡담을 나누는 중이라면 '임진왜란'에 대해 잘못된 정보를 접하는 것이 대체로 큰 문제는 아니다.

사람에게 부정적인 감정을 쉽게 불러일으키는 장치가 있다. 바로 '브레이크'다. 자신의 행동이 제지되었을 때, 자신의 의지가 꺾였을 때 부정적인 감정이 쉽게 형성된다. 행동에 많이 몰입했을수록, 의지가 클수록, 브레이크의 부정적인 효과는 더 커진다. 심지어 그 브레이크가 자신의 말과 행동의 잘못을 지적하고 있다면, 그 사람은 어떤 기분을 느끼게 될까?

지금 당장 바로잡아야 하는 것이 아니라면 일단 그냥 넘어가자. 만약 틀린 말이 마음에 걸려서 수정하고 싶다면, 그 말을 했던 사람을 나중에 따로 만나 공손하게 이야기하자. 다른 사람들에게 잘못 알려준 것을 수정하는 것은 그 사람에게 맡기자.

그러면 그 사람이 '실패'의 느낌을 느끼지 않게 하면서도 틀린 말을 바로잡을 수 있을 것이다. 오히려 다른 사람이 있는 곳에서는 조용히 있었던 것에 대해 고마워할 수도 있다.

> **김 대리:** (사람들에게) "네잎클로버의 꽃말은 '행운'이지만, 세 잎클로버의 꽃말은 '행복'이래. 언제 만날지 모르는 행운보다 언제나 가까이에 있는 행복이 더 좋지 않아?"
>
> **이 대리:** (사람들 앞에서) 김 대리님, 그건 잘못된 속설이에요. 꽃말은 꽃잎 수와는 관계가 없대요. 그러니까 세 잎이든 네 잎이든 클로버의 꽃말은 '행운'인 거죠.
>
> **김 대리:** 아… 그래?…(언짢은 표정)

▷ 거절하는 과정에서도 존중을 표현하자

누군가에게 부탁이나 제안을 했다가 거절당하는 것도 많은 사람이 힘들어하는 일이다. 일상에서 실패나 좌절을 쉽게 접하게 되는 과정이기도 하다. "괜찮다"라고 말은 해도 괜찮지 않을 때가 많다. 그렇다고 거절하지 않을 수는 없다. 예스맨이 되어서도 곤란하고, 두루뭉술하게 이야기하는 것도 썩 좋은 대응은 아니다. 그랬다가는 결국 본인이 괴로운 처지에 빠질 수 있기 때문이다.

거절은 명확하게 해야 한다. 다만, 상대방의 부탁이나 제안에 대해 존중의 표현을 더 해보자. 상대방의 상황을 이해한다고 이야기할 수도 있고, 나를 떠올려 줘서 고맙다고 이야기할 수도 있다. 그러면서 내가 그 부탁이나 제안을 받아들일 수는 없음을 분명하게 이야기하자.

제안을 하는 사람은 이미 상대방의 거절을 염두에 두고 있다. 그런데도 막상 거절을 당하면 마음이 좋지 않다. 그런데 상대방이 내 제안을 존중한다는 느낌이 들면, 거절을 당했어도 그 경험이 크게 나쁘게 느껴지지 않게 된다.

상대방이 거절을 받아들이지 않고 계속 요구할까 봐 걱정될 수도 있다. 만약 상대방이 질척거린다면, 그래서 반대로 내가 힘들어질 것 같다면, 그때는 단호하게 거절하자. 거절을 받아들이지 못하고 다른 사람을 힘들게 하는 사람이라면, 굳이 배려하려고 노력하지 않아도 된다.

헤드헌터의 제안에 거절하는 예시: "제안해 주신 내용은 꼼꼼하게 살펴봤습니다. 저를 좋게 봐주셔서 먼저 감사드립니다. 제안해 주신 포지션도 좋은 포지션이네요. 다만, 저는 이직할 계획이 없었던 데다, 해당 기업의 사업 분야에도 관심이 별로 없습니다. 따라서 제안을 수락하기는 어려울 것 같고요. 아무쪼록 포지션에 적합한 인재와 연결되기를 기원합니다. 감사합니다."

자동 회사 습관

SUMMARY

1. 토론은 이기려고 하는 것이 아니다

- 승자와 패자를 나누는 과정이 아니라 최선의 답을 함께 찾는
  과정이 되어야 한다.
- '내 의견'을 없애고 '이런 의견', '저런 의견'으로 소유권을
  공동화하면 좋다.
- 토론 중에 나오는 모든 의견에 존중의 표현을 하자.

2. 틀린 말을 꼭 바로잡을 필요는 없다

- 여러 사람이 있는 자리에서 누군가의 말을 바로잡을 때는,
  그것이 반드시 해야 하는 일인지 생각하자.
- 즉시 수정해야 하는 것이 아니라면, 다른 사람이 없는 곳에서
  따로 이야기하자.
- '바로잡는' 것에 집착하지 말고, 사소한 것은 틀린 대로 놔둬 보자.

3. 거절하는 과정에서도 존중을 표현하자

- 부탁이나 제안을 거절당하는 것도 부정적인 감정을 느끼게 한다.
- 거절을 염두에 두고 있을 것이기 때문에, 존중의 표현을 더하면
  부정적인 감정을 불식시킬 수 있다.
- 거절의 표시는 명확하게 하고, 그런데도 계속 부탁을 반복한다면
  단호하게 거절하자.

[Class 4]
성장

22

어떤 역량이 필요할까?

PREVIEW

회사에서 구성원을 평가할 때, 전문 역량과 공통 역량으로 나누는 경우가 있다. 전문 역량은 역할에 따라 다르고 다양하지만, 공통 역량은 대체로 비슷한 범주 안에 머물러 있다. 이번 글에서는 커리어를 막 시작하려는 사람들에게, 키워두면 좋은 공통 역량에 대해 몇 가지 이야기해 보고자 한다. 어떤 직업을 갖고 어떤 일을 하든, 여기에서 말하는 역량을 가지고 있으면 도움이 될 것이다.

▷ 커뮤니케이션 역량

공통 역량 중에서 가장 많이 언급되고 거의 모든 회사에서 평가에 포함하는 것이 커뮤니케이션 역량이 아닐까 생각한다. 조직이라는 것이 공통의 목적을 달성하기 위해 여러 사람이 모여서 함께 일하는 것이기 때문에, 소통의 역량이 중요하게 여겨질 수밖에 없다.

커뮤니케이션에서 가장 신경 썼으면 하는 것은, 내가 아니라 상대방을 중심에 두는 것이다. 내가 이야기하기 편할 때가 아니라 상대방이 듣기 편할 때 이야기하는 것, 내가 이해하기 쉬운 언어가 아니라 상대방이 이해하기 쉬운 언어로 이야기하는 것, 그리고 상대방이 하고 싶은 이야기가 있다면 기다려 주고 들어주는 것 등이다. 이것만 잘해도 커뮤니케이션을 잘한다는 이야기를 들을 수 있을 것이다.

또 하나 생각해야 할 것은 커뮤니케이션의 목적이다. 교류가 목적일 수도 있고, 설명이 목적일 수도 있으며, 설득이 목적일 수도 있다. 그런데 간혹 목적을 혼동하는 경우가 있다. 특히 설득이 목적인 자리에서 설명을 하는 경우를 자주 보게 된다. 설명만 잘하면 설득이 될 것이라고 기대하는 것이다. 하지만 설명과 설득은 분명히 다르다. 내용을 잘 이해시켰다고 해서 상대방이 내가 원하는 방향으로 행동할 것이라고 기대하면 안 된다. 따라서 각 목적에 맞게 커뮤니케이션하는 방법을 연습하면 좋을 것이다.

[커뮤니케이션과 관련한 추천 서적]
– 로저 피셔, 윌리엄 유리, 브루스 패튼, 『Yes를 이끌어내는 협상법』
– 정흥수, 『대화의 정석』

▷ 논리적인 사고

논리적인 사고는 굉장히 중요하다. 고대 그리스의 철학적 사유들도 논리적인 사고를 바탕으로 하였고, 그 이후 인류의 발전이 대부분 논리를 기반으로 이루어졌다. 따라서 논리적인 사고를 잘하는 사람이 우대받는 것도 당연한 일일 것이다.

미로에서 길을 찾는 경우를 생각해 보면 논리적인 사고의 장점을 잘 떠올릴 수 있을 것 같다. 논리적인 사고는 어떤 근거로부터 잘못된 결론에 이르는 것을 막아준다. 그리고 이미 해야 할 것과 하지 않아도 되는 것을 구분하여 낭비를 막아준다. 원하는 결과에 도달하는 방법이 존재한다면, 시간이 얼마나 걸리든 결국은 그 방법을 찾게 해준다는 것도 논리적인 사고의 장점이다.

논리적인 사고를 키우는 데는 글을 쓰는 것이 효과가 있다. 말은 휘발성이 있지만 글은 기록이 정확히 남기 때문에, 한번 쓴 글을 다시 논리적으로 정리하기에 쉽다. 이런 정리를 반복하다 보면 점차 처음부터 논리적인 글을 쓰는 데 익숙해지게 된다. 만약 스스로 글을 쓰는 것이 어렵게 느껴진다면, 다른 사람의 논리적인 글을 요약해 보는 것도 좋을 것이다. 자꾸 보다 보면 자신도 할 수 있게 되고, 긴 글을 짧게 요약하다 보면 논리적인 글이 갖는 구조가 점차 눈에 들어오게 된다.

[논리적인 사고와 관련한 추천 서적]

- 유발 하라리,『사피엔스』

- 재레드 다이아몬드,『총 균 쇠』

▷ 리더십

리더십은 조직에서 굉장히 중요한 역량이다. 동시에 교육하기가 무척 까다로운 역량이다. 실제로 리더십 교육이 잘 이루어지지 않는다는 이야기가 많은데, 그렇기 때문에 리더십이 있다고 생각되는 구성원은 눈에 더 잘 들어오기 마련이다.

리더십은 타고나는 역량이기보다는 살면서 쌓아나가는 역량에 가깝다. 그런 면에서 외국어를 익히는 것과 비슷하게 생각할 수도 있을 것 같다. 누구나 배울 수는 있지만 그 속도에는 차이가 있고, 원어민처럼 말하는 사람이 있는 반면, 어설프지만 뜻은 통하게 구사하는 사람이 있을 수 있다. 다만, 누구든 노력하면 할수록 점점 더 잘하게 되는 것은 분명하다.

리더십의 근본은 자기 주도성에 있다고 생각한다. 누군가가 해주기를 기다리기보다 자신이 해결해 보려고 노력하는 것이 리더십의 시작이다. 그것이 혼자 할 수 있는 일이면 혼자 해결하고 끝나겠지만, 혼자 해결할 수 없는 일이면 동참할 사람을 찾게 되고, 그러면서 점차 리더십으로 확장될 수 있을 것이다. 따라서 평소에 무엇이든 자기 주도적으로 해보려는 것이 리더

자동 회사 습관

십을 키우는 데 도움 될 것 같다. 청소 같은 사소한 일이라도 말이다.

[리더십과 관련한 추천 서적]

– 로버트 S. 캐플런, 『리더십 탐독』

▷ 창의적인 사고

조직 활동이라는 것이, 어떻게 보면 문제를 정의하고 그것을 해결하는 과정의 반복이라고 볼 수 있다. 그래서 문제를 잘 정의하는 것과 해결책을 잘 찾아내는 것이 무척 중요하다. 특히 문제 해결력이 구성원들에게 중요한 역량 중 하나인데, 여기에 도움 되는 것이 창의적인 사고라고 할 수 있다.

문제를 해결하는 데 반드시 창의적인 사고가 필요한 것은 아니다. 하지만 때때로 창의적인 사고가 필요한 경우들이 있다. 그래서 창의적인 사고로 그런 상황을 해결하는 사람이 귀한 대접을 받는다.

창의적인 사고를 타고난 것으로 생각하는 경우가 있다. 사실 어느 정도는 타고나는 면도 있는 것 같다. 하지만 창의적인 사고도 훈련을 통해 향상할 수 있다. 이미 창의적인 사고에 도움 되는 기법들이 많이 개발되어 있고, 그런 기법들에 대한 책들도 많이 나와 있다. 그런 기법에 대해 이해하고, 연습을 반복하면 창의적인 사고를 하는 능력이 점차 향상된다.

[창의적인 사고와 관련한 추천 서적]

– 마이클 미칼코,『생각을 바꾸는 생각』

– 스티븐 레빗, 스티븐 더브너,『괴짜 경제학』

SUMMARY

---

1. 커뮤니케이션 역량

– 상대방 중심의 커뮤니케이션을 하자.

– 목적에 맞는 커뮤니케이션을 하자.

2. 논리적인 사고

– 빠르고 정확하게 결론에 도달하게 해준다.

– 글을 이용해서 훈련하면 좋다.

3. 리더십

– 리더십은 후천적으로 쌓아나가는 역량이다.

– 자기 주도적인 생활 습관이 리더십의 시작이다.

4. 창의적인 사고

– 창의적인 사고는 때때로 조직에 큰 도움을 준다.

– 개발되어 있는 기법들을 익히면 창의적인 사고에 도움이 된다.

자동 회사 습관

(23)

자기 주도 성장을 위한 팁

훌륭한 성과를 만들어 내는 사람들의 공통점은 무엇일까? 여러 가지가 있을 수 있는데, 그중 하나가 바로 '자기 주도적'이라는 것이다. 누군가 목표를 세워주지 않아도 스스로 목표를 설정하고, 누군가 동기부여를 만들어 주지 않아도 스스로 동기부여를 한다. 성과를 만들어 내는 과정, 성장을 이루어 가는 과정을 자기 스스로 설계하고 실행한다.

이런 '자기 주도성'은 학습과 성장에도 중요하다. 요즘은 좋은 콘텐츠도 많고, 교육과 관련된 기술도 좋아져서, 잘 구성된 커리큘럼을 따라가기만 해도 어느 정도 수준에 올라갈 수 있다. 하지만 높은 수준에 올라가면 결국 자기 주도성이 강한 사람이 더 앞서 나가게 된다. 심지어 콘텐츠나 커리큘럼도 자기 주도성이 강한 사람들에게서 더 큰 효과가 나타난다.

'자기 주도 성장'은 타고난 인품에만 좌우되지 않는다. 자기 주도 성장에도 일종의 기술이 필요하다. 기술을 잘 활용하면 자기 주도성이 약했던 사람도 충분히 자기 주도 성장을 할 수 있다. 반면, 기술을 모르면 자기 주도 성장을 잘하던 사람이 성장을 게을리하게 될 수도 있다.

▷ 명확한 목표와 분명한 이유

자기 주도 성장을 잘하기 위해서는 먼저 명확한 목표와 그 것을 달성해야 하는 분명한 이유가 있어야 한다. 직장에서 생산성을 높이고자 할 때 항상 언급되는 것이 목표 설정과 동기부여인데, 성장에서도 그것은 마찬가지다. 예를 들어, '더 많은 연봉을 받고 싶어서', '무엇이든 공부해 두면 좋으니까'와 같은 모호한 목표와 이유로는 성장에 대한 욕구에 불을 지피기가 어렵다. 오히려 목표와 이유가 모호하면 자기 합리화를 하기 쉬워진다. 그보다는 '코드를 더 간결하고 관리하기 쉽게 짜고 싶어서', '게임 PD가 되어 내가 생각하는 게임을 만들고 싶어서' 같은 분명한 목표와 이유가 있을 때 성장을 위한 활동에 더 쉽게 몰입할 수 있다.

▷ 잦은 성취감

다음으로 중요한 것은 잦은 성취감이다. 게임이 사용자를 오래 붙잡아두기 위해 가장 흔하게 사용하는 것이 바로 이것이다. 사람에게 '성취감'은 매우 중요한 요소이며, 일단 어떤 '성취감'을 느끼게 되면 다시 그 행동을 반복하고자 하는 욕구가 생긴다. 이러한 욕구는 시간이 지날수록 약해지기 때문에, 그러한 욕구를 유지하기 위해서는 성취감을 자주 느끼는 것이 필요하

 자동 회사 습관

다. 그래서 무언가를 배울 때는 두꺼운 책 하나보다 얇은 책 여러 권이 좋고, 테스트나 실습을 통해 새로 배운 것을 자주 확인하는 것이 좋다.

▷ 최소한의 활동량

짧은 기간 동안 몰입이 필요하다면 페이스에 대해 생각할 필요가 없을 것이다. 말 그대로 '불태우면' 된다. 하지만 긴 시간 동안의 성장 과정에서는 페이스 유지가 중요하다. 무엇이든 오래 지속하다 보면 지치는 순간이 오기 마련인데, 그런 순간을 슬기롭게 넘겨서 계속 페이스를 유지할 수 있다면 경쟁자들에 비해 크게 앞서나갈 수 있게 된다. 물론, 같은 강도로 오랫동안 성장에 힘쓰는 것이 쉬운 일은 아니다. 자기 주도 성장에 능한 사람들도 한여름 무더위 속에서는 페이스가 떨어질 것이다. 때로는 휴식도 필요하고, 종종 성장에 전념하지 못할 사정이 생기기도 한다. 다만, 최소한의 활동을 정해놓고, 그것만큼은 무슨 일이 있어도 유지하도록 할 수는 있다. 예를 들어, 무슨 일이 있어도 하루에 책 다섯 페이지는 읽는다거나, 매일 5분의 명상 시간은 꼭 가지는 것 등이 있을 수 있다.

▷ 스트레스 해소법

꾸준한 성장을 방해하는 대표적인 요소가 스트레스다. 성장 활동을 하는 과정에서 스트레스를 받을 수도 있지만, 성장과는 전혀 상관없는 이유로 스트레스를 받을 수도 있다. 스트레스가 쌓여 있는 상태에서는 몰입도 어렵고, 성장 활동의 효과도 떨어진다. 따라서 스트레스를 풀어낼 수 있는 방법을 하나 정도는 가지고 있는 것이 좋다. 다만, 스트레스를 받을 때마다 거기에 많은 시간을 소모하면 곤란할 수 있으니, 작은 스트레스는 견뎌내는 연습을 하거나, 가볍게 기분 전환할 수 있는 수단을 가까이에 두면 좋을 것이다.

▷ 몰입할 수 있는 환경

환경도 중요하다. 사람은 무의식중에도 환경에 주의를 많이 기울이는 존재이기 때문에, 성장 활동에 몰입하려면 몰입에 도움 되는 환경에서 활동을 진행하는 것이 필요하다. 도서관이나 스터디 카페처럼 학습하는 분위기가 조성된 곳도 좋고, 집에서 활동을 한다면 활동하는 공간에서 내 주의를 끌어당기는 요소들을 제거하는 것이 좋다. 예를 들어, 책상 위에 성장 활동에 필요한 것만 놓아두면 좋을 것이다. 성장 활동은 몰입의 정도에 따라 그 효과가 크게 달라지기 때문에, 돈과 시간을 들여서라도

자동 회사 습관

몰입이 잘 되는 환경을 만들거나 찾을 필요가 있다.

▷ 든든한 지원군

마지막으로 나의 활동에 지지를 보내주는 사람이 한 명쯤 있으면 좋다. 오랜 시간 성장 활동을 진행하다 보면 지칠 때도 있고, 생각보다 성과가 나오지 않아 불안할 때도 있다. 그것이 심하지 않을 때는 자기 자신을 다독이며 진행할 수 있지만, 너무 힘들거나 불안하면 스스로 힘을 내는 것이 쉽지 않다. 그럴 때, 나에게 "할 수 있어", "잘될 거야"라고 말해주는 사람이 있으면 큰 힘이 된다. 힘들고 불안할 때, 그 사람을 만나 대화를 나누면 에너지를 얻게 되고, 다시 성장 활동에 집중하게 된다. 따라서 주변에 그런 사람이 없는지 한 번쯤 확인해 볼 필요가 있다. 여러 사람도 아니고 딱 한 명만 있으면 된다.

SUMMARY

1. 명확한 목표와 분명한 이유를 설정하자

"해외 근무를 위해 영어 공부를 하자."

2. 성취감을 자주 느낄 수 있도록 준비하자

"영어책은 얇은 것으로 여러 권 보고,

외국인들과 대화할 수 있는 기회를 많이 만들자."

3. 최소한의 활동량을 정해서 페이스를 오래 유지할 수 있도록 하자

"매일 최소 5페이지는 무조건 보고,

매주 자막 없이 영화를 최소 한 편은 보자."

4. 스트레스를 관리할 수 있는 수단을 만들자

"스트레스를 받을 때는 산책을 하거나, 볼링을 치러 가자."

5. 성장 활동에 도움이 되는 환경을 이용하자

"집중이 잘 되는 카페를 이용하자. 약간 떠들기도 해야 하니까."

6. 나에게 지지를 보내주는 사람을 찾아보자

"가끔씩 나를 잘 이해해 주는 친구를 만나 응원받자."

재능이 부족한 부분을 활용하는 법

재능에 집중하라는 말이 있다. 본인이 가진 재능이 무엇인지 확인하고, 그 재능을 잘 발휘할 수 있는 일을 하라는 의미이다. 다른 말로는 '강점'이나 '장점'으로 표현되기도 한다. 예를 들어, 숫자에 재능이 있다면 숫자에 대한 감각이 필요한 일을 하고, 그림에 재능이 있다면 그림과 관련된 일을 하는 것이 본인에게 유리할 것이라는 이야기다.

이런 이야기들은 대체로 단점 보완에 치중하는 것에 대한 비판에서 비롯된 듯하다. 재능이 없는 부분을 성장시키기 위해서는 많은 시간과 노력이 필요하다. 웬만큼의 시간과 노력을 투여해서는 재능이 없는 부분에서 성장을 이루어내기 어렵다. 같은 시간과 노력을 재능이 있는 부분에 투여하는 것이 아마 효율 면에서 더 좋을 것이다.

그렇다고 재능이 없는 부분을 아무 노력도 없이 포기해야 할까? 재능이 있는 부분을 강화하는 것만으로 충분할까?

▷ 재능이 필요한 이유

'토끼와 거북이'라는 유명한 우화가 있다. 달리기에 재능이 있는 토끼와 재능이 없는 거북이가 경주를 한다. 당연히 토끼가 한참 앞섰지만, 방심하고 낮잠을 자는 사이에 거북이가 먼저 결승선을 통과한다. 이 우화는 성실함의 중요성을 교훈으로 이야기한다. 하지만 조금 뒤집어서 생각하면, 토끼가 낮잠 자는 행동을 하지 않고서는 거북이가 이길 수 없다는 것을 보여준다. 그러니까, 재능 있는 사람이 노력하지 않는 경우는 성실함으로 이겨낼 수 있겠지만, 재능 있는 사람이 열심히 노력도 한다면 재능 없는 사람이 이겨내기는 어려운 것이다.

현실에서 이런 예를 쉽게 찾아볼 수 있다. 스티브 잡스, 일론 머스크, 박찬욱 감독 같은 사람들을 생각해 보자. 그들에게는 재능이 있다. 그리고 그들은 열심히 일한다. 그래서 그들보다 뛰어난 CEO나 감독이 되기는 어렵다. 그런데 가만히 생각해 보면, 이들에게서 한 가지 공통점이 발견된다. 그들은 자기 분야에서 최고 수준에 올라간 사람들이다. 그들과 경쟁하여 최고 수준이 되려면 재능이 반드시 필요하다. 그런데 만약 나에게 필요한 것이 '최고 수준'이 아니라면 어떨까? 최고가 될 필요가 없어도 재능이 필수일까?

▷ 최고가 아니어도 괜찮다면?

대학 입시를 준비하던 시절에, 수학에 재능이 없는 친구가 있었다. 그 친구가 목표로 하는 명문대에 들어가려면 수학 점수가 높아야 했다. 그래서 그 친구는 어지간한 수학 유형을 그냥 외워 버렸다. 물론, 그런 방식으로 수학에서 최고가 될 수는 없다. 새로운 유형의 문제가 나오면 제대로 풀지도 못할 것이다. 하지만 그 친구는 수학 경시대회에서 우승하려고 했던 게 아니었다. 단지 대학 입시의 수학 문제를 어느 정도 맞히기만 하면 되었던 것이다.

이번에는 수학에 재능이 있지만 강연에는 재능이 없는 사람을 생각해 보자. 수학 분야에서 성공하고 나면 강연을 할 기회도 많이 생길 것이다. 그런데 이 사람은 강연을 잘하는 사람은 아니다. 새로운 주제로 강연에 나서면 실수도 하고, 강연이 매끄럽지 않다. 하지만 같은 주제로 여러 번 반복한다면 어떨까? '인공지능에 활용되는 수학'이라는 강연을 만들고 발표 내용을 달달 외워버리면 어떨까? 처음에는 어색하고 부자연스럽더라도, 여러 번 하다 보면 자연스럽게 진행할 수 있게 된다. 물론, 새로운 강연을 준비하면 다시 어색해지고 실수를 하겠지만, '인공지능에 활용되는 수학'이라는 강연만큼은 충분히 잘할 수 있을 것이다.

▷ 재능이 없어도 장점을 만들 수 있다

수학에 재능이 없는 사람이 수학을 전공으로 삼는 것은 곤란할 것이다. 강연에 재능이 없는 사람이 강연을 직업으로 선택하기는 어렵다. 하지만 어느 정도는 보완할 수 있다. 재능이라는 것은 대체로 '응용'과 관련되어 있기 때문에, 응용이 필요하지 않은 상황에서는 재능이 부족한 기술도 나에게 도움이 될 수 있다. 마치 '지식'처럼 습득해서 말이다.

모든 면에서 반드시 최고여야 할 필요는 없다. 스티브 잡스 같은 사람도 모든 면에서 최고인 것은 아니다. 수학자라면 수학 분야에서 최고를 지향하면 되고, 전문 강연자라면 강연에서 최고가 되면 된다. 강연에 재능이 없는 수학자가 재능 있는 전문 강연자만큼 잘한다는 것은 불가능한 일일 수 있다. 하지만 수학자가 전문 강연자와 경쟁할 필요는 없다. 수학자는 다른 수학자들과 경쟁한다. 그리고 다른 수학자들과 경쟁할 때는 어느 정도의 강연 역량만 쌓아도 큰 도움이 된다. 강연을 전혀 하지 않는 수학자가 접근하기 어려운 새로운 기회에 닿을 수도 있게 된다.

일반적인 직장 환경에서도 이런 방법은 꽤 유용하다. 예전에 진행했던 프로젝트 중에 여성 고객을 위한 게임을 제작하는 프로젝트가 있었다. 그런데 우리 팀에는 여성 기획자가 없었고, 여성을 잘 이해하는 기획자나 디렉터도 없었다. 그렇다고 남성들이 좋아하는 게임과 똑같은 게임을 만들 수는 없었다. 그래서 우리는 여성에 관한 정보를 수집했고, 그것에 공감하지는 못하

자동 회사 습관

더라도 하나의 지식처럼 인정하고 활용했다. 그렇게 만들어진 게임에 여성 사용자들은 크게 만족했다.

재능이 있는 부분에 집중하는 것은 중요하다. 그것이 더 효율적이기도 하고, 확실한 강점이 있는 것이 현대사회에서 유리하기도 하다. 하지만 재능이 없는 부분을 아예 접근 불가능한 영역으로 생각할 필요는 없다. 재능이 없는 영역을 지식처럼 활용할 수는 있다. 그리고 그런 지식이 내가 가진 재능의 가치를 더 높여줄 것이다.

$$\boxed{\textbf{SUMMARY}}$$

1. 재능이 필요한 이유
- 세상에는 재능이 있으면서 성실하게 노력하는 사람들이 많다.
- 최고가 되기 위해서는 재능이 필수적이다.

2. 최고가 아니어도 괜찮다면?
- 수학에 재능이 없어도 수학 문제 유형을 외워서 어느 정도의 점수를 만들어 낼 수 있다.
- 강연에 재능이 없어도 같은 강연을 반복하면, 그 강연은 잘할 수 있게 된다.

3. 재능이 없어도 장점을 만들 수 있다
- 재능이 없으면 최고가 되기 어렵지만, 어느 정도 수준에 도달할 수는 있다.
- 내 분야의 핵심 역량이 아니라면 최고 수준이 아니어도 큰 도움이 된다.
- 재능이 없는 부분도 지식처럼 익혀서 활용하면, 내가 가진 재능의 가치를 더 높일 수 있다.

학습과 성장의 기본 형태

PREVIEW

멀리 땅바닥에 버려져 있는 깡통이 하나 보인다. 만나기로 한 친구를 기다리는 동안, 시간이나 때울 겸 작은 돌멩이로 깡통을 맞춰보려고 시도한다. 먼저, 적당한 돌멩이를 어떤 방향, 어떤 각도, 어떤 크기의 힘으로 던져야 할지 생각한다. 그리고 최대한 생각한 대로 던진다. 돌멩이가 깡통에서 오른쪽으로 15cm 정도 떨어진 곳에 낙하한다. 그것을 보고 다음번에는 약간 왼쪽으로 던져야겠다고 생각한다.

이 단순한 과정에 학습과 성장의 세 가지 단계가 모두 포함되어 있다. 어떻게 던져야겠다고 '계획'했고, 던지는 행위를 '실행'했으며, 던진 결과를 '회고'했다. '계획', '실행', '회고', 이 세 가지가 학습과 성장을 이루는 기본적인 요소들이다. 영어로는 planning, execution, review로 쓸 수 있을 것이고, 유행에 맞게 PER이라는 약자로 기억할 수도 있을 것 같다.

너무나 단순한 구성이고, 모두가 알 만한 구성이지만, 이 세 가지를 엄격하게 갖추지 않고 학습 과정을 진행하는 경우가 은근히 많이 있을 것이다. 여기서 '엄격하게'라는 표현이 중요한데, 단지 어떤 단계를 포함하는 것만으로는 충분하지 않기 때문이다. 세 가지 단계 모두 의미 있는 형태로 존재해야 학습이 성장으로 온전히 이어질 수 있다.

자동 회사 습관

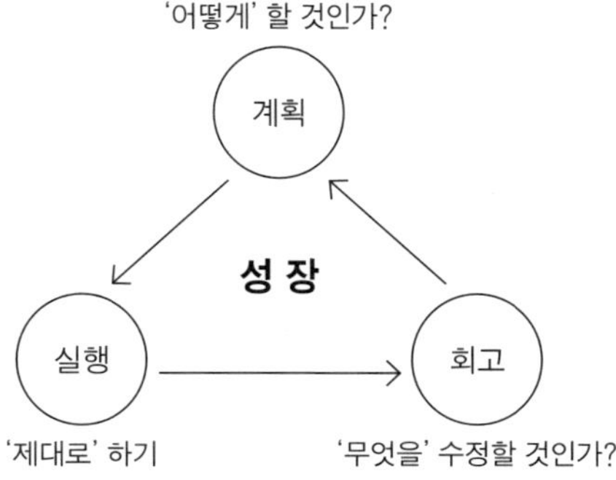

▷ 계획(Planning)

단순히 '돌멩이를 던져야겠다'라는 생각만으로는 의미 있는 계획이라고 보기 어려울 것이다. 일단 명확한 목표가 있어야 하는데, 여기서는 눈앞에 보이는 깡통을 맞히는 것이 목표가 된다.

목표가 있다면 그것을 달성했는지 구분할 수 있어야 한다. 그리고 의미 있는 회고를 하려면 목표와 실행 결과 사이의 차이를 정성적으로든 정량적으로든 표현할 수 있어야 할 것이다. 돌멩이가 깡통을 맞혔는지를 눈으로 볼 수 있으므로 목표 달성은 쉽게 구분할 수 있다. 돌멩이가 깡통을 맞히지 못했다면, 빗나간 방향과 거리로 그 차이를 표현할 수 있다.

'전략'도 필요한데, 말하자면 회고 결과에 따라 수정할 수 있는 요소가 있어야 한다는 것이다. 돌멩이가 깡통을 맞히지 못했을 경우, 그 오차에 따라 던지는 방향과 세기를 조정할 수 있다. 따라서 여기서는 던지는 방향과 세기가 전략에 해당한다.

▷ 실행(Execution)

돌멩이를 던지는 것이 '실행'이다. 실행이 이루어지지 않으면 계획은 아무 의미가 없다. 돌멩이 하나를 던지는 것이야 큰 의지가 필요하지 않지만, 우리가 일반적으로 수행하는 성장 과정에서는 '적극적으로 실행하는 것'이 돌멩이 던지는 것처럼 쉽지가 않다. 그래서 계획한 것을 어떻게 해서든 실행에 옮기겠다는 마음가짐을 반복적으로 확인해야 한다.

돌멩이를 던진다고 하더라도, 아무 방향으로 막 던지는 것은 의미가 없다. '전략'에 최대한 부합하도록 던져야 한다. 어떤 방향과 세기를 전략으로 설정했으면, 그 방향과 세기에 맞게 던져야 한다. 그래야 다음 단계인 회고가 의미 있게 된다. 전략에 부합하려면, 실행에 집중하고 몰입하는 것이 중요하다. 옆 사람과 잡담을 나누면서 던지는 것보다, 던지기에 몰입하면서 던지는 것이 내가 생각한 대로 던지는 데 훨씬 유리할 것이다.

실행하는 과정에서 획득하는 정보도 있을 수 있다. 돌멩이를 던지기 전에는 생각하지 않았지만, 돌멩이를 던지다 보니 바람이 돌멩이의 궤적에 영향을 준다는 생각이 들 수 있다. 그렇다면 바람이 어느 방향으로 부는지, 얼마나 세게 부는지를 다음 실행을 위한 정보로 수집하면 된다.

▷ 회고(Review)

　실행을 완료했으면 회고가 필요하다. 먼저 목적한 바를 충분히 달성했는지 확인해야 한다. 돌멩이로 깡통을 맞혔다면, 목적한 바를 이뤘으니 많은 회고가 필요하지 않다. 던질 때 어떤 요소(던지는 방향과 세기, 바람의 방향과 세기)를 검토했으며, 어느 방향과 어떤 세기로 던졌더니 맞았다는 정도만 재확인하면 된다.

　돌멩이가 깡통에 맞지 않았다면, 목적한 바와 얼마나 차이 나는지를 확인해야 한다. '좌측으로 15cm 정도 떨어진 곳에 낙하했다'처럼 결과를 구체적으로 확인해야 할 것이다. 결과가 구체적일수록 다음 시도를 위한 전략도 구체적으로 수정할 수 있기 때문이다.

　결과를 구체적으로 확인했으면, 그런 결과가 나온 원인을 생각해야 한다. 돌멩이가 깡통보다 좌우로 벗어난 곳에 떨어졌다면, 던지는 방향이 잘못되었을 것이다. 돌멩이가 깡통보다 앞뒤로 벗어난 곳에 떨어졌다면, 던지는 세기가 잘못되었을 수 있다.

　이제 원인을 파악했으면 전략을 수정하면 된다. 던지는 방향과 세기를 수정하는 것이다. 그리고 다시 던지고, 다시 결과를 확인하고, 다시 계획을 수정한다. 이것을 반복하다 보면 결국 돌멩이로 깡통을 맞히게 될 것이다.

[계획-실행-회고의 예시]

계획 **(Planning)**	목표: 파이썬을 활용한 기본적인 데이터 처리 방법을 익혀보자. 달성 기준: 케글(www.kaggle.com) 홈페이지의 문제를 하나 풀어보고, 데이터 처리 방식에 충분히 익숙해졌는지 정성적으로 판단한다. 전략: 1. 파이썬 프로그래밍 책을 하나 완독하자. 　　- 두꺼운 책은 피하자. 　　- 매일 최소 10페이지는 읽자. 2. 학습한 내용을 블로그에 정리하자. 　　- 공유가 목적이 아니라 복습이 목적이므로 독자를 의식할 　　　필요는 없음 3. 책을 완독한 후에 케글 문제를 하나 풀어보자.
실행 **(Execution)**	'○○○ 파이썬' 책을 읽음 - 매일 최소 10페이지 이상 읽음 - 완독하는 데 총 27일 소요됨 - 저녁에 약속이 있는 날에는 오전에 학습 시간을 확보하고 읽었음 블로그에 책 내용을 챕터별로 정리함 - 챕터를 다 읽을 때마다 정리함 - 챕터에 어떤 내용이 담겨 있는지 정도만 간략히 작성 - 이미 알고 있는 것보다, 새로 알게 된 것 위주로 작성 케글의 집값 예측 문제를 풀고, 결과를 제출함 - 전체 3035명 중 453등의 기록
회고 **(Review)**	결과: 케글 문제를 풀어보니 생각한 것만큼의 성과는 나오지 않았다. - 상위 10% 안에도 들지 못했으니 충분하지는 않다고 생각함 원인: - 책을 다 읽기는 했지만, 책의 내용을 다 활용하지는 못했음 - 책에 있는 내용을 다 활용했더라도 성적이 크게 나아지지는 　않았을 것 같음. '○○○ 파이썬'의 내용만으로는 　충분하지 않은 것 같음 다음 계획: - 책 내용을 빠르게 훑어보면서, 전체 내용의 '요약문'을 작성해 보자. - 케글에 참여한 다른 사람들의 코드를 확인해 보자. - 새로 익힌 지식을 활용하여 같은 문제를 다시 풀어보자.

자동 회사 습관

SUMMARY

1. 계획(Planning)

- 명확한 목표가 있어야 한다.

- 목표를 달성했는지 확인할 수 있는 기준이 있어야 한다.

- 목표를 달성하기 위한 '전략'이 있어야 한다.

2. 실행(Execution)

- 적극적인 실행이 뒤따르지 않으면 계획은 의미가 없다.

- 실행할 때는 집중과 몰입을 통해 계획한 대로 수행하는 것이 중요하다.

- 실행 과정에서 획득하는 정보는 회고를 위해 잘 수집해 놓자.

3. 회고(Review)

- 결과를 구체적으로 정리해야 한다.

- 결과에 영향을 미친 원인을 파악해야 한다.

- 원인을 파악했으면 새로운 계획을 수립하고 실행한다.

26

업무 일지 작성하기

지금은 업무 일지를 따로 쓰고 있지 않다. 하지만 프로그래머로서 처음 사회생활을 시작했을 때는 업무 일지를 작성했다. 보관을 잘한 덕에 지금도 그 일지(컴퓨터 파일)가 오래된 저장소에 보관되어 있다. 몇 년 전에 다시 그 일지를 읽어본 적이 있는데, '사회 초년생 시절에 내가 좋은 습관 하나를 가지고 있었구나'라는 생각이 들었다. 이제 다시 그 생각이 떠올라서, 사회 초년생 때 쓰면 좋은 업무 일지에 관해 간단히 언급해 보고자 한다.

▷ 출근 직후

업무 일지는 하루에 세 번 작성하는 것이 좋은 것 같다. 바로 출근 직후, 오후 근무 시작할 때, 퇴근하기 직전이다. 일단, 출근 직후에 오늘 할 일을 한 번 정리해 보는 것이 좋다. 이전의 근무 시간과 단절이 있었기 때문에, 오늘 할 일의 목록을 작성하면서 중요한 사항들을 머릿속에 다시 상기시킬 필요가 있다.

머리가 비교적 맑은 상태인 아침에 작업목록을 정리해 두면, 그날 내내 무슨 일을 해야 할지 고민하지 않아도 되는 장점이 있다. 목록에 있는 것을 차례대로 하나씩 처리해 나가면 되는데, 여러 가지 업무를 처리하는 사람에게는 상당한 도움이 된다.

내용을 아주 자세하게 작성할 필요는 없지만, 그래도 구체적인 내용을 적는 것이 좋다. 기본적으로 일의 목적과 행동 내용이 있어야 한다. 커뮤니케이션이 필요하다면 누구와 해야 하는지 적어 놓으면 좋고, 사용하는 도구도 기재할 수 있다. 예를 들면, "과제 진행을 위한 데이터 확보. 데이터베이스팀 이순신 님과 협의. 메신저로 진행" 정도로 적어놓을 수 있을 것이다. 여기에 주의해야 할 것이 있으면 추가해도 좋다. "협의 내용을 정리하여 반드시 재확인" 같은 내용이 추가될 수 있다.

우선순위도 정리해 두면 좋다. 다만, 아주 세밀하게 정리할 필요는 없다. 오전, 오후에 처리할 것을 나누어 놓아도 되고, 아니면 중요한 것과 덜 중요한 것으로만 나누어도 그냥 진행하는 것보다는 작업 결과가 훨씬 좋아질 것이다.

▷ 점심시간 직후

점심시간도 일종의 단절이기 때문에, 오후에 진행할 업무를 다시 확인해 보는 것이 좋다. 게다가 오전에 새로 발생한 일이 있을 수 있고, 그 일의 우선순위가 기존 일보다 높을 수도 있다.

따라서 작업 목록과 우선순위를 살펴보고, 수정할 것은 수정해 놓고 오후 업무를 시작하자. 작성 내용은 출근 직후에 작성하는 것과 크게 다를 것이 없다. 다만, 오전 작업 중에 새로 밝혀진 사항(예를 들어, "이순신 님이 휴가여서 강감찬 님과 협의 진행 필요" 등)이 있으면 추가로 기재할 수 있다.

점심을 먹고 업무에 복귀하면 바로 일에 몰입하기 어려울 수 있다. 몸도 마음도 나른해지는 시간이기 때문이다. 이때 업무 일지 정리를 루틴으로 활용하면, 업무에 다시 몰입하는 데 걸리는 시간을 단축할 수도 있다.

▷ 퇴근 직전

출근 직후와 오후 근무 시작 직후에 작성하는 일지가 '계획'에 해당한다면, 퇴근 직전에 작성하는 일지는 '회고'에 해당한다. 이때는 할 일이 아니라 한 일을 정리하는 것이 핵심이다. 오늘 진행한 일이 무엇이고, 계획대로 진행되었는지, 계획과 다른 것은 무엇이었는지 작성한다. 예를 들어, "데이터 확보를 위해 데이터베이스팀의 이순신 님께 메신저로 연락함. 회신이 없고, 계속 자리 비움 상태로 보여서 다른 분께 문의해 보니 이순신 님은 휴가였음. 그래서 오후에 강감찬 님과 협의함. 다음에는 이메일로 데이터베이스팀 전체에 문의하는 것이 좋을 듯." 정도로 남길 수 있을 것이다.

  자동 회사 습관

회고이기 때문에, 새로 학습한 내용들도 적어두면 좋다. 엑셀에서 새로운 함수나 기능을 사용해 보았으면 그런 것을 적어보는 것이다. 적으면서 한 번 더 학습하게 되고, 차후 일지를 보면서 다시 학습하게 되어 자연스럽게 기억에 남게 된다.

작업을 진행하면서 만났던 이슈에 대해 적는 것도 중요하다. 어떤 문제가 있었으며 어떻게 해결했는지 기록하는 것이다. 직장인들이 하는 업무에는 반복되는 것이 많다. 따라서 문제도 반복적으로 만나는 것들이 많은데, 해결책을 확실하게 익혀두면 같은 문제로 어려움을 겪지 않을 수 있다.

▷ 나중에 다시 읽어보기

사회 초년생 시절에는 업무를 진행하면서 배우는 것이 많다. 업무를 통해 배운 것들은 아무래도 책을 통해 배운 것보다 더 실용적일 가능성이 높다. 그런데 반복적으로 경험하는 것은 온전히 내 역량으로 전환되지만, 일회성이거나 가끔 경험하게 되는 것들은 다시 잊힐 수 있다. 지난 업무일지를 다시 읽어보면 이렇게 잊힌 정보나 통찰을 다시 확인하게 되고, 그만큼 성장하는 데 도움을 받을 수 있다.

예를 들어, 프레젠테이션 문서를 준비하면서 새롭게 배운 것들이 있을 수 있다. 편리한 단축키일 수도 있고, 정보를 효과적으로 보여주는 표현 양식일 수도 있다. 만약, 프레젠테이션을 반복적으로 하게 된다면 이러한 것들이 자연스럽게 기억에 남겠지만, 한 번의 프레젠테이션 이후 꽤 오랫동안 별다른 발표를할 일이 없었다면, 이런 정보들이 기억에서 사라질 수 있다. 그런데 업무 일지에 그런 내용을 기록해 두었고 나중에 다시 읽어

[업무 일지 예시]

날짜	내용
26/1/30 08:23	신규 과제 진행을 위한 데이터 확보(오전에 진행) - 데이터베이스팀 이순신 님과 협의 - 칼럼 내용과 데이터 양 확인 - 소수의 데이터라도 빨리 받을 수 있도록 하자. - 협의한 내용을 정리하여 공유 상반기에 진행한 내용 정리(오후에 진행) - 보고서 작성하여 팀장/실장에게 공유 - 팀 동료들에게도 공유하는 게 좋을까?(팀장님께 문의)
26/1/30 13:13	신규 과제 진행을 위한 데이터 확보 - 이순신 님이 휴가여서 협의 진행 못함 - 데이터베이스팀 강감찬 님께 문의해 봤으나 　결국 내일 이순신 님과 다시 협의해야 할 듯 상반기에 진행한 내용 정리(진행 중) - 이순신 님과의 협의를 못하게 되어 이 작업을 예정보다 빨리 시작함 - 보고서 작성 후 팀장/실장에게 공유 예정 - 팀 동료들에게도 공유 예정(팀장님 답변)
26/1/30 18:05	신규 과제 진행을 위한 데이터 확보(미처리) - 이순신 님께 메시지를 보냈으나 무응답. 알고 보니 휴가 - 강감찬 님께 문의해 봤으나 협의가 어려운 상태 - 내일 이순신 님과 협의하기로 함 - 최소 하루 전에 먼저 메일을 보내는 것이 좋을 것 같다. 상반기에 진행한 내용 정리(완료) - 보고서 초안은 대략 작성 - 내일 다시 검토하여 완료해야 할 듯 - 프로그래밍 코드에 주석을 많이 달아놓지 않아서, 지금 다시 보니 　내용을 이해하기 어려웠다. - 주석을 충실히 달거나, 아니면 작업 끝날 때마다 보고서를 바로바로 　만들어 놓아야겠다. - 이럴 때 AI를 활용하면 좋을 것 같은데 어떻게 해야 하지? - 내일 팀장님께 물어보자.

자동 회사 습관

본다면, 또 다른 프레젠테이션을 하지 않았더라도 머릿속에 각인될 가능성이 높아진다. 혹은 새로운 프레젠테이션을 하게 되었을 때, 과거의 업무 일지를 확인함으로써 유용한 정보를 다시 획득하여 활용할 수도 있을 것이다.

(SUMMARY)

1. 출근 직후

- 오늘의 할 일 목록을 작성하면서 중요한 사항들을 상기하자.
- 어느 정도는 구체적인 내용까지 적어두자.
- 가능하면 간단한 우선순위라도 정해놓자.

2. 점심시간 직후

- 전반적인 사항은 출근 직후 적는 일지와 동일하다.
- 오전 근무에서 발생한 이슈나 변화를 적용하여 재정리하자.
- 식사 시간 이후 다시 업무에 몰입하기 위한 좋은 루틴이 될 수 있다.

3. 퇴근 직전

- 오늘 진행한 일을 간단히 회고하자.
- 새로 학습한 내용, 겪었던 문제와 해결 방식 등을 기록하자.

4. 나중에 다시 읽어보기

- 업무를 통해 배운 지식과 통찰들은 실용성이 높다.
- 지난 업무일지를 읽어봄으로써 유용한 정보를 더 오래 기억하거나 다시 활용할 수 있다.

27

통찰을
확장하는 방법

PREVIEW

사람은 누구나 자신만의 통찰을 가지고 있다. 그리고 그런 통찰은 그 사람이 만들어 가는 커리어의 핵심 요소 중 하나다. 프로그래머에게는 프로그램에 관한 통찰이, 기획자에게는 기획이나 콘텐츠에 관한 통찰이 중요한 도구이자 무기가 된다. 그런데 이런 통찰은 영속적이지 않다. 인간관계에 관한 통찰처럼 오랜 시간 효과를 발휘하는 통찰도 있지만, 직업과 관련된 대부분의 통찰은 언제든 무용한 것이 될 수 있는 것들이다.

따라서 자신이 가진 통찰의 범위를 넓게 만들 필요가 있다. 하고 있는 일에 의해서 자연스럽게 얻어지는 통찰에만 의지하지 말고, 적극적인 활동을 통해 더 많은 통찰을 얻어내려고 해야 한다. 그러면 나의 핵심 통찰이 무의미해지는 상황이 오더라도, 새로운 환경과 조건에 맞는 또 다른 통찰을 나의 무기로 만들 수 있을 것이다.

자동 회사 습관

자연어(사람의 말) 처리는 인공지능의 여러 분야 중에서도 쓰임새가 많은 분야다. 그래서 자연어 처리에 대해 잘 아는 것은 인공지능 연구자에게 큰 가치가 있었다. 하지만 자연어 처리를 능숙하게 해주는 서비스가 넘쳐난다면 어떻게 될까? 여전히 높은 연봉을 받는 일자리가 있겠지만, 그 수는 줄어들 수 있다. 대부분의 회사에서는 직접 자연어를 처리할 필요가 없기 때문이다(이미 이런 단계로 넘어가고 있는 듯하다).

난이도 조절은 게임 기획에서 매우 중요한 부분이다. 게임은 너무 어려워도 재미없고, 너무 쉬워도 재미없기 때문이다. 그래서 밸런스를 잘 다루는 것은 게임 기획자에게 큰 장점이 된다. 그런데 인공지능이 알아서 밸런스를 잡아준다면 어떻게 될까? 그때도 밸런스를 잘 다루는 것이 큰 가치를 인정받을 수 있을까?(이런 시기가 점점 다가오고 있다).

자연어 처리와 밸런스 기획에 대한 통찰은 언젠가 그 가치가 작아질 수 있다. 자연어 처리를 잘하고 밸런스 기획을 잘하는 것만으로는 커리어의 안전이 보장되지 않는다. 하지만 자연어 처리와 밸런스 기획을 더 깊게 들여다보면, 그 안에 변하지 않는 가치가 숨어 있는 것을 발견할 수 있다.

인공지능이 잘하는 부분은 아직 제한적이다. 여전히 인공지능이 접근하지 못하는 부분이 있다. 그런 분야에서는 자연처 처리 연구가 겪었던 문제들을 아직도 겪고 있다. 인공지능 분야를 벗어나서도 마찬가지다. 많은 기술이 비슷한 어려움에 직면해 있고, 그것은 앞으로도 마찬가지일 것이다. 따라서 자연어 처리가 어떻게 문제를 해결했는지, 자연어 처리 성능이 왜 급격하게 좋아졌는지 등에 대해 이해하고 있다면, 더 많은 분야에서 통찰을 활용할 수 있다.

밸런스 기획도 마찬가지다. 밸런스가 필요한 것은 게임뿐만이 아니다. 영화나 드라마 같은 다른 콘텐츠에도 밸런스가 필요하고, 온라인 쇼핑몰과 오프라인 매장의 배치와 진열에도 밸런스가 필요할 것이다. 양극단이 문제를 갖고 있는 모든 분야에서 밸런스는 중요한 요소다. 따라서 게임의 난이도를 조절하는 것뿐만 아니라, 밸런스라는 개념에 대해 깊이 이해할 필요가 있다. 밸런스를 무너뜨리는 요소는 무엇인지, 왜 밸런스가 사용자의 경험을 크게 달라지게 하는지 등을 이해하고 있다면, 게임이 아닌 곳에서도 좋은 밸런스를 만들어 낼 수 있을 것이다.

결국, 자신이 하는 일에서 본질을 찾아내야 한다. 구체적인 작업의 가치는 언제든 크게 달라질 수 있지만, 그 작업의 본질에 담겨 있는 가치는 쉽게 변하지 않는다. 프로그래밍 기술의 가치는 작아질 수 있어도, 논리적인 전개로 문제를 해결하는 것의 가치는 오래 유지될 것이다. 그럴듯한 게임 시나리오를 작성하는 것은 인공지능이 할 수 있어도, 사람의 마음을 움직이는 이야기 구조의 설계는 계속 사람에게 의지할 가능성이 크다. 그리고 이렇게 쉽게 변하지 않는 가치를 보유하고 있어야 커리어를 더 안전하게 지킬 수 있다.

자동 회사 습관

▷ 더 좋은 해결책 찾아보기

'수학 능력 시험'이 처음 도입되었던 때가 생각난다. 새로운 형태의 문제들이 많아서 기존 '학력고사' 문제에 익숙해 있던 학생들이 당황했던 것 같다. 수학 문제의 경우 푸는 방식이 새로웠는데, 주로 창의적인 접근이 가능한 문제들이 많았던 것으로 기억한다. 물론, 기존 방식대로 풀어도 풀 수 있지만, 생각을 조금만 달리 하면 아주 짧은 시간에 답을 도출해 낼 수 있었다. 그러다 보니 50분이 걸리는 학생도 있었고, 20분 만에 끝내는 학생도 있었다.

사람들은 동일한 방법으로 여러 문제를 풀어내는 것을 좋아한다. 그리고 그런 방식이 보통 '정답'으로 정리된다. 문제는, '정답'이 사람들의 사고를 일정한 울타리 안에 가두어 버린다는 것이다. 더 좋은 해결책이 있음에도 불구하고 '정답'에 만족하고 안주한다.

물론, '정답'의 존재가 나쁜 것은 아니다. 여러 가지 문제마다 서로 다른 해결책을 다 찾아내는 것은 쉽지 않다. 따라서 많은 문제에 적용될 수 있는 일관된 해결 방식을 익히는 것이 선행되어야 한다. 다만, 그런 방식에 이미 충분히 익숙해져 있다면, 그다음에는 문제마다 더 좋은 해결 방식이 없는지 찾아보는 단계로 넘어가야 한다. 그래야 남들보다 더 좋은 해결책을 제시할 수 있게 되고, 그것이 커리어의 경쟁력이 된다.

이것은 취업 과정에서도 도움이 될 수 있다. 채용 과정에서,

어떤 상황을 설명하고 그 상황에 어떻게 대응할지 물어보는 질문이 종종 주어진다. 대답은 다양하지만, 많은 사람들이 대체로 '한 가지' 대답을 한다. 나는 조금 다르게 대답했던 적이 있다. 면접관의 질문마다 두 가지 해결책을 제시하고, 각각이 가진 장단점을 설명했다. 각각의 해결책을 어떤 조건에서 사용해야 하는지도 이야기했던 것 같다. 내가 제시한 해결책이 대단한 것은 아니었지만, 면접 결과는 좋았다. 그리고 내가 매번 2개 이상의 해결책을 제시하는 것이 좋았다는 피드백을 받았다.

> **게임에 신규 상품을 추가했는데 생각보다 판매량이 적습니다. 어떻게 해야 할까요?**
>
> "일반적으로는 A/B테스트를 통해 고객의 관심을 끌 수 있는 스펙을 찾아내고, 그러한 스펙으로 상품에 변화를 주는 방법이 있는 것 같습니다. 하지만 그렇게 해서 결과가 더 좋아졌다고 하더라도 그것이 꼭 최선의 결과는 아닐 수 있겠죠. 고객들의 상품 구매 욕구가 줄어들고 있을 수도 있습니다. 게임을 즐길 만큼 즐겼다고 느껴지면 말이죠. 혹은, 경쟁사 제품에 돈을 쓰느라 우리 게임에 돈을 쓸 여력이 줄어들었을 수도 있고요. 따라서 단순히 상품 자체의 범위에서만 고민하기보다, 시장상황이나 고객의 행동 변화 같은 것을 살펴서, 고객의 구매 행동에 대해 더 깊이 이해하는 것이 어떨까 합니다. 그러면 더 좋은 해결책을 찾을 수도 있을 것 같네요."

자동 회사 습관

▷ 선입견에 갇히지 않기

서로 붙어 있는 두 식당이 있다. 한 식당에는 손님이 가득하고, 밖에서 대기하고 있는 사람도 많다. 반면, 바로 옆집에는 손님이 한 명도 없다. 이런 광경을 보면 어떤 생각이 드는가? 아마 대부분의 사람은 손님이 많은 식당이 맛집이라고 생각할 것이다. 이것이 바로 선입견이다.

'선입견'이라는 말이 부정적으로 사용될 때가 많지만, 사실 선입견은 나쁜 것이 아니다. 앞의 예에서 실제로 손님이 많은 식당이 맛집일 가능성이 높다. 두 식당의 음식을 모두 먹어보지 않고도 어느 집이 맛집일지 가늠할 수 있다. 매번 맞는 것은 아니지만 자주 맞고, 그래서 노력을 효율적으로 사용할 수 있게 해준다. 문제는 이런 선입견에 '갇혀 있을 때' 발생한다.

'사재기'라는 것이 있다. 제품을 판매하는 쪽에서 몰래 제품을 다량으로 사들이는 것을 말한다. 그러면 판매 순위가 올라가고, 판매 순위를 본 실제 고객들은 그 제품이 인기가 많다고 착각하게 된다. 엄연히 조작이고 속임수이지만, 그 효과가 상당히 좋기 때문에 여전히 곳곳에서 이런 일이 벌어진다. 그리고 이런 속임수들이 통용되는 것은 바로 사람들의 선입견 덕분이다.

통찰과 관련해서도 선입견은 불가피한 면이 있다. 내가 책과 경험 등을 통해 얻은 수많은 정보를 일일이 다 기억하고 있을 수는 없지 않은가. 결국 내 머릿속에서 더 단순한 문장들로 요약될 수밖에 없고, 그런 것이 선입견을 형성할 수밖에 없다.

그리고 그런 선입견은 실제로 아주 유용하다. 다만, 내가 가진 통찰의 선입견이 언제나 진실이라고 생각하게 되면, 시간이 지날수록 세상의 진실과는 멀어지게 된다. 세상은 계속 변하고 상황은 매우 다양한데, 나는 협소한 선입견의 영역에서 벗어나지 못하기 때문이다. 따라서 내가 가진 선입견이 어떤 것인지 살피고, 그것이 여전히 유효한지 계속 살펴야 한다.

선입견에 갇히지 않기 위해서는 역시 다양한 생각과 의견을 만나보는 것이 가장 좋다. 내 생각, 내 의견과 같은 것만 찾아보면 선입견에 더 쉽게 갇힌다. 나와는 다른 생각과 관점을 만나보고 이야기를 나누어 보자. 사람을 만나도 좋고, 콘텐츠를 찾아봐도 좋다. 나와는 다른 그런 생각들이 세상에 많이 존재한다는 것을 지속적으로 의식해야 한다. 그리고 내 생각이 어떤 면에서 옳지 않을 수 있는지 생각해 보는 것도 도움이 될 것이다.

[게임 업계에 존재했던 예전의 선입견들]
- 기계적으로 화면을 터치하기만 하는 콘텐츠는 게임으로 보기 어렵다.
- 모바일 게임으로는 큰돈을 벌기 어렵다.
- 좋은 게임을 기획하려면 게임을 많이 해봐야 한다.
- 여성들은 대체로 게임을 좋아하지 않는다.
- 몬스터를 자동으로 잡는 것(자동사냥)을 좋아하는 사람은 별로 없다.
- 게임을 공중파 방송에서 광고하는 것은 돈 낭비다.

SUMMARY

1. 본질에 관심을 갖자

- 구체적인 작업과 관련한 통찰의 가치는 쉽게 변한다.
- 모든 일에는 본질적인 부분이 있으며, 본질이 가진 가치는
  시간이 지나도 변하지 않는다.
- 변하지 않는 가치를 가지고 있어야 커리어의 안전을 확보할 수 있다.

2. 더 좋은 해결책을 찾아보자

- 여러 문제를 동일한 방식으로 풀어내는 '정답'은 유용한 도구다.
- 문제에 따라 더 좋은 해결책이 존재할 수 있다.
- 더 좋은 해결책을 제시할 수 있을 때, 커리어의 경쟁력이 확보된다.

3. 선입견에 갇히지 말자

- 선입견은 노력을 효율적으로 사용할 수 있게 해주는 좋은 도구다.
- 선입견이 늘 옳을 것이라고 생각하면 선입견에 휘둘려
  좋지 않은 결과를 만나게 될 수 있다.
- 나와 다른 생각과 의견을 찾고, 내 생각을 의심함으로써
  선입견에 갇히는 것을 피할 수 있다.

28

사람에 대한 이해가 필요하다

PREVIEW

많은 사람이 커리어의 발전을 위해 노력한다. 책을 보고, 강의를 듣고, 실습도 하면서 더 좋은 역량을 갖기 위해 애를 쓴다. 대부분의 학습과 훈련은 프로그래밍이나 기획 같은 기술, 혹은 리더나 디렉터 같은 역할에 관한 이해에 집중되어 있다. 물론, 기술과 역할을 이해하는 것은 커리어에 아주 중요하다. 그런데 기술과 역할 못지않게 중요한 것이 하나 더 있다. 바로 '사람'이다. 직업에 따라 기술과 역할은 매우 다양하지만, 대부분의 직업에 공통적으로 닿아 있는 맥락에 바로 '사람'이 있다. 기술과 역할이 대상으로 하는 것도 대체로 사람이고, 같이 일하는 존재들도 모두 사람이다. 심지어 나 자신 또한 사람이다. 따라서 사람에 대해 잘 아는 것이 어떤 직업을 갖든 중요하다고 할 수 있다.

▷ 사람에 관해 알면 구체적으로 어떤 것이 좋을까?

일단, 어떤 사람의 말이나 행동을 더 깊이 이해할 수 있게 된다. 고객들이 왜 특정 제품에 유독 열광하는지, 동료가 왜 다른 동료와 대립하는지, 리더의 말에 왜 내 마음이 민감하게 반응하는지 이해하게 된다. 사람의 말과 행동은 무의식의 영향을 많이 받는다. 따라서 겉으로 드러난 모습만으로는 그 사람이 왜 그런 말과 행동을 하는지 이해하기가 어렵다. 무의식의 동작 원리를 같이 알아야 나와 타인에 대해 더 깊이 이해할 수 있게 된다.

사람을 깊이 이해할 수 있다면, 말과 행동으로 나타나는 사람의 '반응'을 더 잘 예측할 수 있게 된다. 내가 어떤 말을 했을 때 상대방이 어떻게 반응할지, 서비스에 어떤 변화를 주었을 때 고객이 쉽게 받아들일지, 내가 하는 일이 어떻게 바뀌었을 때 나 자신이 무엇을 느끼게 될지 예측할 수 있게 되는 것이다.

예측할 수 있다면, 그다음에는 내가 원하는 방향으로 움직일 수 있게 된다. 상대방의 반응을 예측할 수 있다면, 상대방이 우호적으로 받아들이도록 나의 말과 행동을 조절할 수 있다. 고객의 반응을 예측할 수 있다면, 고객이 좋아할 만한 상품과 서비스를 설계할 수 있다. 내 마음을 예측할 수 있다면, 나에게 맞는 일을 찾을 수 있다. 물론, 예측이 항상 맞을 수는 없다. 하지만 사람에 대한 이해가 깊어지면 예측의 정확도는 분명 올라간다.

▷ 사람에 관해 안다는 것이 어떤 것일까?

사람은 모두 다르다. 그런데 어떻게 사람에 대한 이해를 통해 타인을 더 깊이 알 수 있게 되는 것일까? 사람이 모두 다르기는 하지만 대부분의 사람에게서 공통적으로 나타나는 양상이 존재하기 때문이다. 아무리 서로 다르다고 해도 모두 '사람'이다. 모습이 달라도 공통적인 신체 조직을 가지고 있는 것처럼, 마음과 생각이 달라도 공통적으로 가지고 있는 맥락이 있다.

예를 들어, 사람은 이익보다 손실에 더 민감하다. 내가 무언가를 시도해서 얻을 수 있는 것보다, 그것이 잘못되어 잃게 되는 것에 더 집중한다. 그리고 사람은 '안전'을 매우 중요한 가치로 여긴다. 그래서 변화보다 안정을 추구하고, 공동체에서 소외되는 것을 두려워한다.

이러한 진술들이 모든 사람에게 통하는 것은 아니다. 이익에 몰입하여 움직이는 사람도 있고, 안전을 사소하게 여기는 사람도 있다. 하지만 대부분의 사람에게서 공통적으로 나타나는 모습임은 틀림없다. 그러니까, 누구에게나 통하는 절대적 진리를 찾는 것이 아니라, 높은 확률로 적중하는 진술을 여러 가지 알아두는 것이라고 생각하면 된다.

▷ 사람에 관해 어떻게 학습하면 될까?

사람에 대해 알려면 무엇보다 심리학으로 시작할 것을 권한다. 사람에 대해 심리학만큼 깊이 연구한 학문이 없기 때문이다. 마케팅과 기획 영역에서는 이미 오래전부터 심리학을 응용하고 있고, 큰 효과를 보고 있다. 그만큼 심리학은 학문적으로뿐만 아니라 실용적으로도 그 가치가 확인되었다. 서점에 가면 심리학에 관한 책이 상당히 많은데, 내가 가장 추천하는 것은 『설득의 심리학』이다. 설명이 쉽고 흥미로운 사례를 많이 담고 있어서, 심리학에 크게 관심이 없던 사람도 편하게 읽을 수 있다. 내용도 내가 읽은 심리학 책 중에서는 가장 충실했다.

심리학에 관해 공부했다면, 그다음에는 다른 학문으로 영역을 넓혀보자. 사실, 사람에 대해 연구한 분야는 심리학뿐만이 아니다. 문학, 역사학, 경제학, 경영학, 디자인, 유머, 엔터테인먼트 등 여러 분야가 사람을 대상으로 하고 있고, 사람에 대해 많은 연구를 했다. 게다가 분야마다 독특한 시각으로 사람을 연구하였기 때문에, 여러 분야로 영역을 확장하면 사람에 대해 더 많은 통찰을 얻을 수 있다. 예를 들어, 디자인을 공부하면 사람이 시각적인 정보를 어떻게 받아들이고 처리하는지 알 수 있게 된다.

마지막으로, 사람에 대한 정보를 충분히 학습했다면, 주변에서 관찰되는 현상에 그러한 정보를 대입해 보자. 회사에서 벌어지는 일들, 뉴스에 나오는 일들, 사람들 사이에 발생하는 일들에 사람에 대한 통찰을 적용해 보자. 그러면 그동안 보이지 않던 것들이 조금씩 보이게 되고, 그런 일들이 일어나게 되는 동작원리를 점차 더 잘 이해하게 된다.

[사람과 관련한 진술의 예시]

– 이익보다 손실에 민감하다.

– 자신을 보호하고자 하는 욕구가 강하다.

– 감정적으로 판단하고, 감정적으로 행동한다.

– 공통점이 많은 사람에게 호의적이다.

– 그 사람에게 적합한 일이 있다.

– 자신에게 관대하고 타인에게 엄격하다.

– 자신의 지식과 경험을 반영해서 타인의 말을 해석한다.

– 다수의 선택에 판단을 위임할 때가 많다.

– 가치 있는 존재로 인정받고 싶어 한다.

– 자신의 선택을 옳은 것으로 만들려고 한다.

자동 회사 습관

(SUMMARY)

---

1. 사람에 관해 알면 구체적으로 어떤 것이 좋을까?

  – 사람의 말과 행동을 더 깊이 이해할 수 있게 된다.

  – 사람의 반응을 더 정확히 예측할 수 있게 된다.

  – 사람을 내가 원하는 방향으로 움직일 수 있게 된다.

2. 사람에 관해 안다는 것이 어떤 것일까?

  – 사람은 다 다르지만, 공통적으로 나타나는 양상이 존재한다.

  – 손실에 더 민감하거나, 안전을 추구하거나, 자기중심적으로
    행동하는 것 등이다.

  – 모든 사람에게 적용되지는 않아도 대부분의 사람에게
    적용되기 때문에 의미가 있다.

3. 사람에 관해 어떻게 학습하면 될까?

  – 사람을 가장 깊이 연구한 심리학으로 시작하면 좋다.

  – 문학, 경제학, 디자인, 엔터테인먼트 등 사람을 연구하는 여러 분야로
    관심을 확장할 필요가 있다.

  – 학습한 내용을 주변에서 일어나는 현상에 대입해 보자.

29

비판적으로 수용하기

PREVIEW

초등학생이었을 때는 중학생 형들의 말이 모두 맞는 말 같았다. 하지만 내가 중학생이 되고 보니, 중학생의 생각이라는 것이 특별하지 않았다. 중학생 때는 고등학생들이 대단해 보였고, 대학생 때는 한두 해 먼저 대학생활을 한 선배들의 말이 큰 가르침으로 느껴졌다. 하지만 고등학생이 되고, 대학교 선배가 되어 보니 역시 아는 것보다 모르는 것이 훨씬 많았다. 이것은 직장에서도 마찬가지다. 직장생활을 처음 할 때는 경력자들의 말과 그들이 하는 일이 대단한 것처럼 보인다. 하지만 사실 그들도 아직 모르는 것이 많다. 그들의 말에도 틀린 것이 있고, 그들의 작업에도 서툰 점이 있다.

나보다 앞서 경험한 사람들의 말을 무시해서는 안 된다. 분명 그들의 말과 행동에는 배울 점이 많다. 다만, 그것을 비판 없이 수용해서는 안 된다는 이야기를 하고 싶다. 그들도 아직 배워 나가는 중이고, 그래서 언제든 틀릴 수 있다.

▷ 진리는 상대적이다

세상에는 어디에서나 통용되는 진리가 없다. 아무리 좋은 말도 어떤 상황에서는 의미가 없을 수 있고, 심지어 좋지 않은 결과로 연결될 수도 있다. 과감한 것이 좋은가, 신중한 것이 좋은가? 능동적이어야 하나, 수동적이어야 하나? 혼자서 결정해야 할까, 다 함께 의논해서 결정해야 할까? 이런 질문들에 대한 유일한 답이라면 '그때그때 다르다' 정도일 것이다.

서점에 가면 성공한 사람들의 책들이 많이 있다. 인터넷에도 성공한 사람들의 이야기를 다룬 글과 영상들이 넘쳐난다. 그런 말들을 그대로 따르기만 하면 똑같이 성공할 수 있을까? 만약 그렇다면 실패를 겪는 사람이 별로 없어야 할 것이다. 하지만 여전히 세상에는 성공보다 실패가 훨씬 많다. 게다가, 성공의 비결을 이야기하는 사람들조차 매번 성공하는 것은 아니다.

▷ 비판적 수용을 위한 도구들

사실, '비판적으로 수용하라'는 말은 흔한 말이다. 이 글을 읽는 사람들도 이미 여러 차례 들어본 말일 것이다. 그리고 그 중요성도 이해하고 있으리라 생각한다. 그런데 어떻게 해야 비판적인 수용이 되는 것일까? 언제는 맞는 말이 되고, 언제는 틀린 말이 되는지를 어떻게 알 수 있을까?

일단, 여러 가지 조건을 종합적으로 고려하는 것이 필요하다. 예를 들어, 구글이 OKR 시스템을 도입하여 생산성을 올렸다면, "OKR 시스템이 생산성을 올려준다"라고 기계적으로 받아들일 것이 아니라, 구글이 가진 어떤 조건이 OKR과 잘 어울렸는지 살펴봐야 한다. 구글에 뛰어난 인재가 많이 모여 있었기 때문일 수도 있고, 구글의 조직문화가 OKR과 잘 어울렸을 수도 있다. 혹은 구글의 사업 자체가 OKR과 잘 맞을 수도 있다. 이런 조건을 같이 고려해야, "OKR 시스템이 생산성을 올려준다"라는 문장이 언제 맞는 문장이 될지 구분할 수 있다. 물론, 일의 결과에 영향을 미치는 요인은 워낙 많고, '운'처럼 예측 불가능한 것도 있기 때문에 100% 정확하게 구분할 수는 없다. 하지만 여러 가지 조건을 같이 고려하면 예측이 맞을 확률을 올릴 수는 있다.

실패담을 같이 확인하는 것도 도움이 된다. 모바일 게임 중에는 크게 성공한 게임들이 있고, 반대로 실패한 게임들도 있다. 성공한 게임과 실패한 게임이 품질 등의 면에서 크게 다를 수도 있지만, 때로는 비슷한 콘텐츠를 가지고 있고 품질도 비슷한데 성패가 갈리는 경우도 있다. 그런 경우에 성공작과 실패작을 세심하게 비교해 보면, 성공작만 봤을 때보다 더 많은 것들을 알아낼 수 있다.

마지막으로, 내가 가진 조건과 내 주변의 환경을 정확하게 인식하는 것이 필요하다. 어떤 진술이 지금의 나에게 적합하려면, 그 진술을 옳게 만드는 조건과 환경이 나의 조건 및 환경과 유사해야 한다. 그리고 그것을 알기 위해서는 먼저 나의 상황을 제대로 알고 있어야 한다. 달리기가 건강에 좋다고 해서 안 좋은 무릎으로 달리기를 하거나, 지병이 있으면서 몸에 좋다는 음식을 아무것이나 먹는다면 오히려 건강을 해치게 될 것이다.

[비판적 수용을 위한 질문의 예시]

진술	OKR은 생산성 향상에 도움이 된다.
숨겨진 조건 찾기	OKR이 좋은 성과로 연결된 사례는 무엇인가? OKR을 잘 활용한 기업에는 어떤 특징이 있는가? 그 특징들 중 어떤 것이 OKR의 효과에 영향을 미쳤을까?
결과가 달랐던 것 비교하기	OKR을 도입했지만 효과가 없었던 사례는 무엇인가? 도입에 실패한 기업이 성공한 기업과 달랐던 점은 무엇인가? OKR의 효능에 특별히 악영향을 끼친 환경과 조건이 있을까?
내 환경과 조건 생각하기	우리 회사의 조건과 환경은 어떠한가? OKR의 도입이 성공한다면 어떤 조건과 환경 덕분일까? OKR의 도입이 실패한다면 어떤 조건과 환경 때문일까?

▷ 깊고 구체적으로 살펴보기

비판적으로 수용하라는 말은, 결국 깊고 구체적으로 살펴보라는 말이다. 긍정적인 사고를 하라고 하면, 어떤 것이 긍정적인 사고인지, 왜 긍정적인 사고를 해야 하는지, 긍정적인 사고의 부정적 영향은 어떤 것이 있을지 등을 다 생각해 봐야 한다. 목표를 높게 설정하라고 하면, 어느 정도가 적정한 수준인지, 목표와 함께 생각해야 하는 것은 무엇인지, 목표를 의미 있게 만드는 조건이 무엇인지 등도 같이 생각해 보는 것이 좋다.

깊고 구체적으로 살펴보는 것이 누군가에게는 어색하고 어려운 일일 수도 있다. 평소에 깊이 들여다보지 않았던 사람이 갑자기 그렇게 하는 것이 쉬운 일은 아닐 것이다. 그렇다면 '질문을 던져보는 연습'을 해보자. 육하원칙을 활용해서 '왜?', '언제?', '어디서?', '무엇을?', '어떻게?', '누가?'의 질문을 던져보는 것이다. 이 여섯 가지 질문이 다 만들어지지 않아도 된다. 1개만 만들어지면 그 질문에 관해 생각해 보고, 그 질문으로부터 또 다른 질문을 만들어 보면 된다. 그렇게 반복하다 보면, 점차 질문을 던지는 것에 익숙해지고, 깊은 사고에도 익숙해질 것이다.

[긍정적인 사고를 갖자에 관한 질문 예시]

– 왜?: 긍정적인 사고를 왜 가져야 하지?

– 언제?: 긍정적인 사고가 오히려 나쁜 결과를 초래할 때는 없나?

– 어디서?: 긍정적인 사고가 잘 되는 환경이나 조건이 있나?

– 무엇을?: 긍정적인 사고가 뭐지?

– 어떻게?: 긍정적인 사고를 하려면 어떻게 훈련해야 하지?

– 누가?: 긍정적인 사고가 좋은 결과로 이어진 사례가 있나?

자동 회사 습관

(SUMMARY)

---

1. 진리는 상대적이다

- 같은 말도 상황에 따라 맞을 수 있고, 맞지 않을 수 있다.

- 성공한 사람의 말을 그대로 따라 한다고 똑같이 성공한다는 보장은 없다.

2. 비판적 수용을 위한 도구들

- 성공적인 결과에 영향을 미친 여러 요인을 생각해 본다.

- 실패 사례와 성공 사례에는 어떤 차이점이 있는지 살펴본다.

- 내가 가진 환경과 조건을 고려한다.

3. 깊고 구체적으로 살펴보기

- 비판적 수용을 위해서는 깊고 구체적인 사고가 필요하다.

- 육하원칙을 이용하여 질문을 만드는 훈련을 하면 도움이 된다.

30

마음 단련이
필요하다

PREVIEW

직장생활을 잘하려면 무엇이 필요할까? 일단 실력이 필요할 것이다. 좋은 태도 또한 가지고 있어야 한다. 그래서 많은 책들이 실력과 태도를 갈고닦는 것에 대해 이야기한다. 그런데 실력과 태도 말고도 필요한 것이 있다. 바로 단단한 마음이다.

직장생활은 고달프다. 기술이 발전하고 세상이 풍요로워졌지만, 직장생활의 고달픔은 해소되지 않았다. 기술이 발전해도 한 사람이 해야 하는 일의 양은 줄어들지 않는다. 오히려 기술이 사람의 역량을 대체하면 여러 가지 반칙 플레이가 끼어들 여지가 커진다. 그리고 복잡한 인간관계와 불확실한 미래 속에서 사람들이 받는 상처는 더 다양해지고 깊어진다.

그래서 단단한 마음이 필요하다. 안전이 보장되지 않는 전쟁터, 어디로 나아가야 할지 모르는 정글 속에서 살아남으려면 무엇보다 마음이 무너지지 않아야 한다. 언제 들이닥칠지 모르는 고난 속에서 나를 지켜낼 힘을 가져야 한다.

자동 회사 습관

▷ 고난에 익숙해지기

운동의 본질이 뭘까? 왜 사람들은 힘들게 장거리를 달리고, 무거운 물건을 반복하여 드는 것일까? 그것은 몸이 고난에 익숙해지도록 만드는 것이다. 이겨낼 수 있을 만큼의 고난을 반복적으로 경험하는 것이다. 고난을 경험하면 몸은 똑같은 고난을 이겨내기 위해 근육을 만들어 낸다. 근육이 만들어지면 이전에 경험했던 고난은 더 이상 고난으로 여겨지지 않는다. 그러면 더 강한 운동으로 더 큰 고난을 부여하고, 이것을 반복하면서 매우 힘든 상황도 이겨낼 수 있도록 몸을 준비하는 것이다.

마음의 작용 원리도 몸과 크게 다르지 않다. 몸만 고난에 익숙해지는 것이 아니라 마음도 고난에 익숙해진다. 고생을 모르고 자란 사람에 비해 고생을 겪으며 자란 사람은 어지간한 고난을 더 잘 이겨낸다. 자신이 겪어보지 않은 고난보다 겪어본 고난을 더 잘 이겨내기도 한다. 고난을 겪으면서 마음에도 근육이 형성되기 때문이다.

물론, 운동을 하듯이 일부러 고난을 만들어 낼 필요는 없다. 단지, 내가 이겨낼 수 있는 고난으로부터 도망가려고는 하지 않아야 한다. 인간관계가 힘들어서 인간관계를 피하거나, 책임지는 것이 두려워서 책임을 회피하려고 해서는 안 된다는 것이다. 그러면 마음의 근육이 발달하지 않게 되고, 앞으로도 계속 무언가를 피해 다녀야 한다.

모든 어려움과 괴로움을 무조건 이겨내라는 것도 아니다.

무리한 운동이 몸을 망가뜨리는 것처럼, 감당할 수 없는 큰 고난을 그냥 버텨내려다가는 오히려 정신이 무너질 수 있다. 너무 큰 어려움과 괴로움이 느껴진다면, 그것으로부터 일단 벗어나는 것이 더 좋다. 다만, 내가 충분히 감당할 수 있는 고난이라면, 피하기보다 이겨내는 연습을 하는 것이 필요하다.

늘 좋은 일만 있을 수는 없다. 늘 좋은 사람과 함께할 수도 없다. 고난은 언제 올지 모르고, 반드시 온다. 따라서 작은 고난을 통해 고난을 이겨내는 연습을 하자. 건강한 삶을 지속하기 위해서는 몸의 근육뿐만 아니라 마음의 근육도 필요하다.

▷ 막막함을 이겨내기

막막함이라는 것은 대체로 어디로 가야 할지 모를 때 느껴진다. 선택할 수 있는 것이 너무 많거나 혹은 없어서, 지금 무엇을 해야 할지 모를 때 막막함이 느껴진다.

만약 선택지가 많고 무엇을 선택해야 할지 모르겠다면, 일단 주사위를 던져서라도 하나를 선택하자. 제자리에서 생각만 하는 것보다, 어디로든 걸으면서 생각하는 것이 더 좋다. 무언가를 하고 있으면 더 많은 정보가 생기고, 그만큼 더 좋은 판단을 하게 된다. 게다가 실력이든 기록이든 또는 그 무엇이든, 쌓아놓고 있으면 언젠가 그것이 도움이 된다.

선택지가 없으면 정보를 수집하자. 채용 공고를 섭렵하면 커리어에 관한 여러 가지 정보를 얻을 수 있다. 직장생활이나 취업과 관련된 글과 영상도 찾아보고, 세미나나 멘토링에도 참여해 보자. 가까운 곳에 조언을 구할 사람이 있으면 상담도 해 보자. 정보는 안개를 걷어내 줄 가장 좋은 무기다.

하고 있는 것을 계속해야 할지 모르겠으면, 양에 집중해 보자. 어느 길이든, 충분히 걸어보지 않고서는 그 길이 옳은 길인지 알 수가 없다. 따라서 어느 정도의 양을 목표로 잡고 일단 그 양을 채워보자. 그러고 나면 가고 있는 길을 더 잘 판단할 수 있을 것이다. 공부를 하고 있다면 공부의 양을 정하고, 커리어가 막막하면 일정 기간 특정한 일에 매진해 보자.

마지막으로, 막막함을 덜어내는 데 효과가 큰 것으로 롤모델이 있다. 롤모델은 구체적인 역사와 형상이 있기 때문에 좋은 길잡이가 된다. 따라서 롤모델로 삼을만한 사람이 주변에 있다면, 그 사람을 잘 관찰하고 따라가 보는 것도 좋다.

▷ 불안감 해소하기

불안감은 막막함과 다소 다른 어려움이다. 주로 나쁜 일이 생기는 것을 두려워하는 데 기인한다. 따라서 불안감을 해소하기 위해서는 나쁜 일이 생길 가능성을 줄이거나, 혹은 나쁜 일로부터 내 마음이 크게 흔들리지 않게 하면 된다.

나쁜 일이 생길 가능성을 줄이기 위해서는 무엇보다 반복적인 학습과 훈련이 가장 효과적이다. 프레젠테이션 준비를 열심히 할수록 프레젠테이션 결과가 나빠질 확률은 줄어든다. 역량을 쌓기 위해 많은 노력을 하면 커리어가 나빠질 가능성이 줄어든다. 당연한 이야기처럼 들리지만, 불안감을 느끼면서도 충분히 노력하지 않는 사람들도 있다. 때로는 불안감이 너무 커서 노력을 방해하기도 한다. 어차피 미래는 생각과 마음으로 바뀌지 않는다. 미래는 내가 한 행동에 의해서만 달라진다. 불안감을 느끼고 있다면 일단 내가 불안해하는 상황을 예방할 수 있는 활동을 찾고 수행해 보자.

아무리 노력해도 모든 실패를 막을 수는 없다. 세상에 실패를 경험하지 않는 사람은 거의 없다. 성공한 사람들도 모두 크고 작은 실패를 경험한 사람들이고, 또 계속 경험하고 있다. 따라서 실패를 지나치게 과대평가하지 않는 것이 필요하다. 물론, 다시 일어서기 힘든 치명적인 실패도 존재한다. 하지만 그런 실패는 매우 드물다. 커리어에서 겪는 대부분의 실패는 극복할 수 있는 것들이고, 생각보다 나를 크게 위협하지 않는 것들이다. 불안감에 취약한 사람들은 스스로 그 불안감을 키우는 경향이 있는데, 그래서 내가 두려워하는 대상을 일부러 과소평가하는 것이 도움이 된다.

⎘ 인간관계의 스트레스

직장인들의 마음을 자주 힘들게 하는 것 중 하나가 인간관계이다. 비단 직장에서만은 아닐 것이다. 사람과 사람이 얽힌 모든 곳에서, 인간관계는 스트레스의 흔한 원인이 된다.

인간관계의 스트레스는 양상이 워낙 다양해서 몇 가지로 간추려 이야기하기 어렵다. 다만 도움이 될 만한 것들이 있는데, 그중 하나가 '거리 유지'이다. 사람과 사람이 가깝게 지내는 것이 나쁜 것은 아니다. 하지만 사람마다 기호와 취향, 신념이 다르기 때문에, 가까울수록 충돌의 여지도 많아진다. 특히나 직장에서는 각자의 목표와 이해관계가 있기 때문에, 거리가 너무 없으면 힘들어질 수 있다. 물론, 나와 아주 잘 맞는 사람이 있다면 친밀한 관계를 형성하는 것이 좋겠지만, 그 수가 많지 않게 하는 것이 좋다고 생각한다.

거리를 유지한다고 해서 사람을 멀리하라는 것이 아니다. 넘지 말아야 할 선을 정하고 그것을 잘 지키라는 것이다. 오히려 직장생활에서는 고립되지 않는 것이 중요하다. 나와 잘 통하는 사람을 찾고, 나에게 우호적인 사람을 만들어 두는 것이 필요하다. 군계일학처럼 특출나게 일을 잘하면 모르겠지만, 그렇지 않다면 고립된 채 직장 환경에서 살아남는 것은 쉽지 않다. 직장에서는 비합리적인 일도 벌어지고, 종종 불의한 일도 생긴다. 그럴 때 혼자서 자신을 지키는 것은 매우 어려운 일이다.

마지막으로 자신만의 스트레스 해소법을 만들어야 한다. 스트레스는 시간이 지난다고 알아서 해소되는 것이 아니다. 괜찮은 것 같아도 마음속 어딘가에 남아 있고, 그렇게 계속 쌓이다 보면 몸과 마음을 해칠 만큼 커질 수 있다. 따라서 참는 것보다는 해소하는 것을 권장한다. 음악을 듣건, 운동을 하건, 혹은 친구들과 수다를 떨건, 마음속에 쌓여 있는 스트레스를 풀어줄 수 있는 분명한 활동을 하나 찾아두자.

자동 회사 습관

(SUMMARY)

---

1. 고난에 익숙해지기
- 운동을 통해 몸의 피로를 이겨내는 힘을 만들듯이,
  고난을 통해 비슷한 고난을 이겨내는 마음의 힘이 만들어진다.
- 너무 힘든 고난은 피하는 것이 상책이지만,
  이겨낼 수 있는 고난은 피하지 말고 이겨내야 한다.
- 고난은 반드시 발생하기 때문에, 미리 마음 근육을 단련해
  놓는 것이 좋다.

2. 막막함을 이겨내기
- 선택지가 너무 많다면 아무것이라도 선택해서 일단 진행하자.
  무엇이라도 하면서 생각하자.
- 선택지가 없다면 정보를 수집하자. 정보는 막막함을 없애주는
  가장 강력한 무기다.
- 롤모델은 구체적이고 현실적인 가이드를 제시해 준다.

3. 불안감 해소하기
- 나쁜 일의 발생에 관한 두려움이 불안감을 만들어 낸다.
- 반복되는 학습과 훈련으로 나쁜 일이 발생할 가능성을 줄여야 한다.
- 나쁜 일이 발생해도, 내가 생각하는 것만큼 나를 크게
  위협하지는 않는다.

4. 인간관계의 스트레스
- 넘지 않을 선을 정하고 일정한 거리를 유지하는 것이 도움 된다.
- 나에게 우호적인 사람을 만들어 직장 내에서 고립되지 않도록
  해야 한다.
- 스트레스 해소 활동을 찾아서, 쌓이는 스트레스를 꾸준히
  풀어주어야 한다.

[Class 5]
커리어 설계

31

이력 관리는 어떻게 해야 좋을까?

PREVIEW

프로야구에서 새로운 선수를 선발할 때는 여러 가지 숫자들이 동원된다. 그런 숫자들은 특정 선수의 현재 가치를 계산하기에 좋은 근거가 된다. 그런데 회사에서 직원을 새로 선발할 때는 그렇게 정밀한 지표가 거의 없다. 몇 차례에 걸친 인터뷰와 간단한 과제를 진행하지만, 그것으로도 알아낼 수 있는 것이 많지 않다. 그러다 보니 이력을 보고 판단하는 비중이 상당히 높다. 인터뷰와 과제도 이력에 의한 판단이 어느 정도 정리된 상태에서 진행될 때가 많다.

구직자로서는 이력보다 현재의 역량을 보고 판단받고 싶어 할 수 있다. 그것이 가능하다면 채용하는 쪽에서도 그렇게 하고 싶을 것이다. 하지만 현실적으로 어려운 점이 많다. 따라서 이력에 의존하여 판단하는 것을 불평하기보다는 좋은 이력을 만들려고 노력하는 것이 바람직하다. 그렇다면, 이력을 어떻게 만들어 가는 것이 좋을까?

간혹 현재 회사에 불만이 많은데, 입사한 지 몇 개월 지나지 않은 상태에서 이직하는 것이 괜찮을지 궁금해하는 사람들이 있다. 특히, 저연차 직장인 중에 많은 것 같다. 개인적으로 그런 상태에서 회사를 억지로 다닐 필요는 없다고 생각한다. 자신과 맞지 않는 직장은 성장에 큰 도움이 되지 않는다. 만약 그것이 첫 직장이라면 오히려 나쁜 영향을 받게 될 수도 있다. 그럴 때는 다닌 기간과 상관없이 이직을 해도 된다. 다만, 자신이 그 회사를 떠난 이유를 나중에 명확히 이야기할 수 있어야 한다. 그냥 힘들어서, 혹은 나와 맞지 않는 것 같아서 등의 모호한 이유라면 분명 나쁜 이력으로 평가받을 수 있다.

이유가 분명한 이직이라면 짧은 근무 기간이 큰 문제가 되지 않는다. 하지만 그것도 두 번 정도까지라고 생각하는 것이 좋다. 세 번 이상 그런 이력이 있으면, 작은 어려움도 견디지 못하는 사람이나 문제를 일으키는 사람으로 의심받을 수 있다. 짧은 면접으로 사람을 파악하는 것이 어렵고, 지원자들은 자신에게 불리한 것을 숨기려는 경향이 있기 때문에, 면접관의 마음에 '의심'이 생기면 말로 그것을 해소하는 것은 어렵다고 봐야 한다.

결과적으로 '짧은 근속 후 이직' 카드가 두 장 정도 있다고 생각하면 된다. 그 카드를 지금 쓸지, 아니면 나중을 위해 아껴둘지는 각자가 판단해야 한다. 물론, 운이 너무 나빠서 짧은 이력이 세 번 이상 쌓일 수도 있다. 그런 경우에도 좋은 이직이 불가능한 것은 아니다. 다만, 자신의 가치를 확실하게 보여줄 수 있는 수단을 확보해야 한다. 이력에 존재하는 단점을 인정하고, 그것을 상쇄하기 위한 노력을 해야 하는 것이다.

▷ 메이저 회사 경력이 꼭 필요한가?

IT 쪽에서는 메이저 회사라고 반드시 큰 규모인 것은 아니지만, 그래도 대체로 스타트업에 비하면 큰 규모의 회사들이 많다. 그리고 큰 규모의 조직에서만 경험할 수 있는 것들이 있다. 같은 종류의 프로젝트라도, 5명이 하는 것과 50명이 하는 것은 완전히 다르다. 목표도 다르고, 일을 하는 방식도 다르고, 겪게 되는 문제도 다르다. 따라서 큰 규모의 조직에서 일하는 경험을 한 번이라도 갖는 것이 좋다.

물론, 작은 조직에서만 경험할 수 있는 것도 있다. 큰 조직에서는 거대한 기계의 부속품 같은 역할을 해야 할 수 있다. 내가 하는 일의 범위가 오히려 좁아지는 것이다. 반면, 작은 조직에서는 넓은 범위의 업무를 경험할 수 있고, 전체 프로세스를 살펴보기가 편하다. 다만, 작은 조직에서 일할 기회에 비해 큰 조직에서 일할 기회가 더 드물다는 것을 생각해야 한다. 이런 이유로 기회가 있을 때 큰 조직에서 일해볼 것을 권하는 편이다.

회사의 네임밸류(name-value)도 무시할 수 없다. 유명한 회사에는 지원자가 많다. 그만큼 회사는 훌륭한 인재를 가려서

뽑게 된다. 그런 회사에서 일한 경력이 있다는 것은 능력을 인정받았다는 좋은 근거가 된다. 그래서 유명한 회사에서 일한 경력이 있으면 이후의 이직이 많이 편해진다.

한 가지 더 알아야 할 것은, 스타트업 경력이 길어질수록 메이저 회사에 합류할 기회가 줄어든다는 것이다. 저연차 때는 좋은 태도만으로도 유명한 회사에 합류할 수 있다. 하지만 연차가 쌓이면 그만큼 기대치도 높아진다. 확실한 역량을 보여주지 못하면 채용될 가능성이 별로 없다. 그런데 역량을 보여준다는 것 자체가 어렵다. 오히려 스타트업 경력이 길다는 것을 역량 부족으로 판단하는 경우가 많다. 따라서 저연차일 때 메이저 회사에 합류하려는 시도를 많이 하는 것이 좋다.

▷ 회사와 프로젝트만으로 충분한가?

좋은 회사에 다니고 좋은 프로젝트에 참여하는 것은 물론 좋은 일이지만, 그것만으로는 충분하지 않다. 좋은 회사, 좋은 프로젝트에 참여했다고 해서 무조건 능력 있는 인재인 것은 아니기 때문이다. 그래서 많은 회사에서는 경력 기술서에 자신이 했던 업무에 대해 자세히 적도록 하고 있다. 기술서의 내용이 충분하지 않으면 인터뷰에서 자세히 물어보기도 한다.

따라서 회사를 잘 다니는 것에 만족하지 말고, 그 안에서 의미 있는 작업을 하려는 노력이 필요하다. 이력서에 'ㅇㅇ게임즈

자동 회사 습관

에서 게임 개발 3년'이라고만 적혀 있는 것보다, 매년 어떤 작업을 했는지 적을 수 있는 것이 좋다. 그리고 그 작업들은 이직할 회사에서도 가치를 인정받을 만한 일이어야 한다.

이것은 특히 한 회사에 오래 다닐 때 주의해야 할 부분이다. 오래 근속했다는 것은 필요를 계속 인정받았다는 것이기 때문에 나쁘지 않은 일이다. 하지만 그 기간 동안 의미 있는 작업을 별로 해보지 못했거나, 혹은 비슷한 일을 반복하기만 했다면, 연차에 비해 충분히 성장하지 못했을 것으로 의심받기 쉽다.

같은 회사에서 같은 일을 오래 하다 보면 실제로도 성장이 정체될 수 있다. 그래서 한 회사를 오래 다니게 된다면, 자신의 가치를 확장하는 것에 조금 더 주의를 기울여야 한다. 해보지 않은 새로운 일을 적극적으로 맡아보는 것도 좋고, 자신이 하고 있는 일의 수준을 더 높여보는 것도 좋다. 아니면 꾸준히 승진하여 리더로서의 자질이라도 확보하려고 해야 한다.

▷ 공백기가 있으면 불리한가?

이력과 이력 사이에 공백이 있을 수 있다. 혹은 학교를 졸업한 시기와 첫 커리어를 시작한 시기 사이에도 공백이 있을 수 있다. 공백이 아주 짧다면 무시할 수 있지만, 몇 개월 이상의 공백 기간이 있으면 면접관의 호기심을 자극한다. 그리고 공백 기간에 무엇을 했는지, 왜 그렇게 긴 공백 기간이 필요했는지에 대한 질문이 날아온다.

공백 기간에 대해 당당히 얘기할 수 있으면 괜찮다. 반면에, 대답이 분명하지 않으면 크게 감점을 받을 수 있다. 두 가지 면에서 안 좋은데, 첫째로는 그 시기에 시간을 낭비했다는 인상을 주게 되고, 둘째로는 뻔히 예상되는 질문에 답을 못할 정도로 면접 준비가 부실했다는 인상을 주게 된다.

공백 기간에 대해 당당히 얘기하려면 실제로 그 기간을 잘 보내는 것이 필요하다. 이때 공백기를 잘 보낸다는 것이 꼭 공부를 하거나 개인 프로젝트를 하는 것만을 의미하지는 않는다. 물론, 성장을 위한 활동을 하는 것은 좋다. 하지만 여행을 다니거나 취미 활동에 매진하는 것도 나쁘지는 않다. 아니면 특별한 활동 없이 휴식을 취할 수도 있다. 중요한 것은, 무엇을 하든 안 하든 확실한 계획과 목적을 가지고 한 행동이면 된다. 아니면 그런 인상을 면접관에게 어필할 수 있으면 된다. 특별한 계획 없이 시간을 보냈다면 어쩔 수 없이 불리한 요소로 남을 수밖에 없다.

취직하고자 했지만 여의치 않아 공백기가 생겼을 수도 있다. 이렇게 생긴 공백기도 채용 과정에서 불리하게 작용한다. 하지만 그런 공백기를 의미 있게 보냈고, 그것을 잘 어필할 수 있다면, 불리함을 상쇄하고도 남는 가산점을 받을 수도 있다. 어려운 상황에서 어떻게 행동하느냐 하는 것은 조직에서 굉장히 중요하게 생각하는 요소 중 하나이기 때문이다.

▷ 직장생활의 이력만이 중요한가?

면접관은 지원자가 어떤 직장생활을 했는지 알고 싶은 것이 아니다. 조직에 필요한 역량과 인품을 지원자가 가졌는지 궁금한 것이다. 따라서 지원자의 역량과 인품을 유추할 수 있는 활동이라면 직장생활의 이력이 아니어도 상관없다. 취미 활동, 동호회 활동, 사회 활동 등도 충분히 활용할 만하다.

요즘은 이력서나 경력 기술서의 형식을 자유롭게 두는 곳이 많다. 만약, 직장생활의 이력만으로 충분히 채워 넣을 수 있다면, 그 이력에 집중하는 것이 좋다. 하지만 아직 직장생활의 경험이 많지 않아 어필할 수 있는 부분이 부족하다면, 다른 활동으로 나에 대한 설명을 채우는 것도 나쁘지 않다. 다만, 쓸 것이 없어서 끼워 넣었다는 인상을 주기보다는, 지원자를 이해하는 데 중요한 활동으로 여겨질 수 있도록 신경 써야 한다.

3년 차 프로그래머가 이직을 한다고 생각해 보자. 3년 차 프로그래머의 경력이란 게 얼마 되지 않을 것이다. 그 짧은 경력만 적고 마는 것보다는, 프로그래밍 커뮤니티에서의 활동, 프로그래밍 경연 대회 참가 경험, 사이드 프로젝트 진행 내용 등을 첨부하는 것이 더 좋다. 그러기 위해서 실제로 그 활동들을 해야 하는 것은 당연하다.

SUMMARY

1. 이직이 잦으면 불리한가?
- 한두 번의 짧은 근속은 크게 문제 되지 않는다.
- 짧은 근속이 너무 많으면 성격이나 인간관계 같은 부분을 의심받을 수 있다.
- 짧은 근속이 세 번 이상 있다면, 자신의 역량을 확실히 보여주는 것에 더 신경 써야 한다.

2. 메이저 회사 경력이 꼭 필요한가?
- 큰 규모의 조직에서만 배울 수 있는 것들이 있다.
- 큰 회사에서 일할 수 있는 경험을 언제나 얻을 수 있는 것은 아니므로, 기회가 있을 때 해보는 것이 좋다.
- 유명한 회사에 다닌 경력은 이후의 취직에도 도움이 된다.

3. 회사와 프로젝트만으로 충분한가?
- 어떤 회사를 다녔는지도 중요하지만, 그곳에서 무슨 일을 했는지도 중요하다.
- 한 회사를 오래 다닌다면, 그 안에서 계속 가치 있는 일을 하고자 노력해야 한다.

4. 공백기가 있으면 불리한가?
- 단순히 휴식을 취했더라도 계획과 목적이 분명한 것이 좋다.
- 당당하게 얘기하지 못하는 공백기는 불리한 요소가 된다.
- 공백기를 현명하게 보냈다면 오히려 유리한 요소가 되기도 한다.

5. 직장생활의 이력만이 중요한가?
- 면접관이 알고 싶은 것은 지원자가 현재 가지고 있는 역량과 인품이다.
- 현재의 역량과 인품을 설명할 수 있다면 어떤 활동이든 도움이 된다.
- 특히 경력이 짧은 저연차일 때는 직장생활 외의 활동이 가산점이 될 수 있다.

자동 회사 습관

(32)

시야를 넓히는 방법

시야를 넓게 가지라는 말은 많이 들었을 것이다. 시야가 넓어야 더 정확한 판단을 할 수 있고, 내 주위를 스쳐 지나가는 기회의 존재를 빨리 알아차릴 수 있다. 커리어를 제대로 설계하거나, 빠른 성장을 이루고 싶을 때도 넓은 시야가 도움이 된다. 그런데 구체적으로 어떤 시야를 넓혀야 하는 것일까? 시야를 넓히기 위해서 무엇을 공부하고 훈련해야 하는 것일까? 시야를 넓히라는 말은 목표만을 가르쳐 줄 뿐, 그 과정에 대한 힌트를 주지 않는다. 그래서 여기서는 조금 더 구체적으로, 어떻게 시야를 넓혀두면 좋을지 몇 가지 이야기해 보고자 한다.

▷ 분야의 범위 확장하기

커리어를 시작한 사람이라면 자신이 몸담은 분야가 있다. 예를 들어, 게임 기획자라면 '게임'이 자신의 분야가 된다. 당연히 그 분야에 대해 전문성을 확보하려고 노력할 것이다. 그런데 자신이 직접적으로 몸담고 있는 분야만 바라보고 있어서는, 그 분야의 통찰을 확보하는 데 한계가 있다. 세상에는 많은 분야가 존재하고, 그 분야들은 서로 연관관계를 갖는다. 따라서 내가 참여하고 있는 분야와 연관된 다른 분야로 시야를 넓히는 것이, 내가 참여한 분야에 더 많은 통찰을 제공한다.

게임에는 여러 장르가 있고, 여러 플랫폼이 있다. 내가 모바일 롤플레잉 게임을 기획하고 있더라도, 다른 장르와 플랫폼에 대한 이해를 함께 가지고 있는 것이 좋다. 그것이 내가 모바일 롤플레잉 게임을 기획하는 데 도움을 주며, 나중에 다른 장르나 플랫폼의 게임을 기획할 기회가 생길 수도 있다.

더 확장해서 '게임'이 아닌 '콘텐츠'로 시야를 넓힐 수도 있다. 영화와 드라마에 관심을 갖거나, 놀이기구나 방탈출 같은 것을 적극적으로 체험해 볼 수 있을 것이다. '콘텐츠'라는 공통 카테고리에 포함되어 있으면서, 제각각 고유한 특성이 있기 때문에, '콘텐츠'와 '콘텐츠를 소비하는 고객'에 대해 더 많은 것을 알게 될 수 있다. 그리고 내가 만들고 있는 '게임'을 더 다양한 시각에서 볼 수 있게 해준다.

▷ 상위 리더의 역할 이해하기

'본부' 안에 '팀'이 있는 구조라고 생각해 보자. 만약 내가 팀원이라면 팀장의 역할에 대해 고민하고, 팀장이라면 본부장의 역할에 대해 이해하려고 노력하는 것이다. 더 큰 책임을 맡을수

자동 회사 습관

록 조직과 프로젝트의 더 많은 부분이 시야에 들어오게 된다. 보통은 새로운 직급에 오른 후에 자연스럽게 시야에 들어오게 되지만, 그전에 먼저 어느 정도 이해하고 있으면 좋다.

한 단계 높은 직급의 시야를 가지면 내가 하고 있는 일과 조직이 돌아가는 모습을 더 깊이 이해할 수 있다. 그리고 그 직급의 사람을 관찰하고 평가하는 것이 더 수월해진다. 그 직급에 도달하기 위해 무엇을 학습하고 훈련해야 하는지 알 수 있고, 그 직급이 되었을 때 좀 더 준비된 상태로 역할을 수행할 수도 있게 된다.

물론, 상위 리더와 관련된 모든 것을 미리 알 수는 없다. 어떤 것은 그 역할을 맡아봐야 알 수 있기도 하다. 하지만 알 수 있는 것만 알아도 분명 도움이 된다. 팀원일 때 팀장의 역할에 대한 책을 읽고, 팀장이 되면 경영과 관련된 서적을 보는 것만으로도, 시야의 폭이 크게 달라진다.

▷ 산업과 경제에 관심 갖기

재테크를 위해 경제를 공부하는 사람이 많은 것 같다. 그런데 경제에 대한 지식과 통찰은 투자에만 필요한 것이 아니다. 커리어를 설계하는 데도 필요하다. 커리어에 따라 다르기는 하겠지만, 대부분의 커리어는 경제 상황의 영향을 받는다. 상황에 따라 커리어의 가치가 급등하기도 하고, 그 반대가 되기도 한다. 새로운 직업이 탄생하기도 하지만, 잘나가던 직업이 금세 쓸모없는 것이 되기도 한다.

프로그램 개발 붐이 일면 프로그래머의 가치가 급등한다. 하지만 불황이 이어지고 프로젝트 개수가 줄면, 그 가치가 금방 낮아진다. 게다가 클라우드 설루션(solution)처럼 프로그램을 서비스로 대체할 수 있게 되면, 일부 프로그래머들은 설 자리가 없어질 수도 있다. 지금 인공지능에 대한 관심이 높아서 인공지능 연구자에 대한 수요가 많지만, 인공지능의 성능이 높아지고 좋은 인공지능 서비스가 많아지면, 직접 인공지능을 개발하려는 회사는 몇 개 남지 않게 될 수도 있다.

변화의 주기는 계속 짧아지고 있다. 과거에는 역량을 갈고 닦는 것만으로 충분했지만, 이제는 커리어의 가치를 계속 고민하지 않으면 위기에 빠질 수 있는 시대가 되었다. 그리고 그 가치를 제대로 평가하고 설계하기 위해, 산업과 경제가 돌아가는 방식을 이해할 필요가 있다. 그 이해를 바탕으로 세상이 어떤 방향으로 나아가고 있는지 관찰해야 한다.

SUMMARY

1. 분야의 범위 확장하기

- 공통점이 있는 분야들은 내가 몸담고 있는 분야에 대한 이해를
  더 넓고 깊게 만들어 준다.

  예) 모바일 게임 → PC, 콘솔 등 다른 플랫폼의 게임 → 드라마, 영화 등
  다른 콘텐츠

2. 상위 리더의 역할 이해하기

- 상위 리더의 시선을 통해 일과 조직에 대한 통찰을 넓힐 수 있다.

  예) 팀원 → 팀장 → 실장 → CTO → CEO

3. 산업과 경제에 관심 갖기

- 경제의 큰 틀을 이해하면 커리어를 설계하는 데 도움이 된다.

  예) 게임 업계 → IT 업계 → 글로벌 경제

33

나를 기획하기

PREVIEW

게임을 만들 때 '제안서' 같은 것을 작성한다. 프로젝트 진행을 회사로부터 승인받기 위해 만들기도 하고, 투자자로부터 투자를 얻어내기 위해 만들기도 한다. 제안서는 상대방으로부터 '이 게임이 돈이 되겠다'라는 생각을 이끌어 내야 하므로, 비즈니스적으로 가치 있는지 판단할 수 있는 여러 가지 정보를 담게 된다. 그런데 이런 정보들은 게임이나 사업 아이템에만 필요한 것이 아니다. 경제적인 가치를 만들고 유지해야 하는 것은 커리어를 쌓아나가는 사람들에게도 필요하다. 따라서 게임 제안서에 적는 내용들을 이용해 '나'를 기획해 보면 어떨까 한다.

▷ 시장

게임을 만들 때 가장 먼저 살펴야 할 것이 시장이다. 사람들이 어떤 게임을 원하는지, 시장이 계속 유지되거나 혹은 성장할 수 있을지 살펴보는 것이 중요하다. 시장이 존재하지 않으면 빨리 다른 길을 찾는 것이 좋다.

개인에게도 시장은 중요하다. 예를 들어, 프로그래머라면 프로그래머를 계속 필요로 할지 고민해 봐야 한다. 지금은 프로그래머가 많이 필요하지만, 점차 그 수요가 줄어드는 것 같다면 다른 길을 찾아야 한다. 혹은, 프로그래머도 여러 가지 프로그래머가 있기 때문에, 어떤 프로그래머에 대한 수요가 늘어날지 생각해 보는 것도 좋다. 기업들이 디지털 트랜스포메이션에 적극적이라면 인프라를 구축하는 프로그래머나 애플리케이션을 만드는 프로그래머들의 수요가 늘어날 수 있다.

▷ 경쟁

생각하고 있는 게임과 비슷한 게임이 시장에 얼마나 많이 존재하는지, 그리고 얼마나 많은 게임이 새로 등장하고 있는지 살피는 것도 필요하다. 경쟁이 치열해도, 사람들이 즐기는 게임이 계속 바뀌고 있다면 경쟁에 뛰어들 만하다. 반면, 새로 나오는 게임은 많지만 기존의 성공작들이 오랜 기간 높은 점유율을 유지하고 있다면, 경쟁에서 이기는 것이 매우 어려울 것으로 생각해야 한다.

개인도 하는 일에 따라 다양한 경쟁 상황에 놓이게 된다. 진입 장벽이 낮은 일은 경쟁자가 많을 가능성이 높다. 반면, 진입 장벽이 높은 직업은 경쟁이 덜 치열할 수 있다. 게임 아트에는 여러 가지 작업이 존재하는데, 그림을 그리거나 3D 모델을 만드는 사람은 상당히 많다. 반면, 연출을 잘하는 사람은 구하기가 쉽지 않다. 게임기획도 콘텐츠를 기획하는 사람은 많지만, 경제 밸런스를 잘 잡아내는 기획자는 많지 않다.

▷ 제품

제안서에는 당연히 프로젝트에서 만들 결과물에 대한 이야기가 있어야 한다. 어떤 장르의 게임이고, 어떤 시나리오를 가지고 있으며, 어떻게 조작하여 무엇을 달성하면 되는 게임인지 설명해야 한다. 게임을 직접 경험하지 않아도 어떤 게임인지 충분히 이해할 수 있을 정도의 정보를 담고 있어야 한다.

개인도 자신이 하려는 일을 선택해야 한다. 그리고 그것을 잘 설명할 수 있어야 한다. 단순히 '프로그래머가 되겠다'는 것으로는 부족하다. 어떤 영역의 프로그래머가 될 것이며, 어떤 도구들을 사용할 것인지, 어떤 사업 분야에서 일을 하고 싶은지 등을 구체적으로 기술할 수 있어야 한다. 제품 사용 설명서처럼 자신에 대한 설명서를 쓴다고 생각하면 좋다.

▷ 전략

제품에는 전략이 필요하다. 수요에 맞는 제품을 출시한다고 해서 무조건 팔리는 것이 아니다. 수요에 맞는 여러 제품 중에서, 고객이 우리 제품을 선택해야 하는 이유가 확실히 존재해야 한다. 그것은 높은 품질일 수도 있고, 참신한 콘셉트일 수도 있다. 결국, 하나의 확실한 '마케팅 문구'를 작성할 수 있는 요소가 제품 자체에 있어야 한다는 것이다.

대부분의 직업에서 일자리는 한정되어 있다. 게다가 일자리마다 보상의 크기도 다르다. 안정적인 일자리와 높은 보상을 얻고 싶다면, 거기에 걸맞은 가치를 가지고 있어야 한다. 같은 직업을 가지고 있는 다른 사람에 비해 더 잘하는 것, 더 가치 있는 것을 보유해야 한다. 예를 들어 게임 캐릭터를 그리는 사람이라면, 그림의 품질이 월등하거나, 그림의 콘셉트가 독보적이거나, 아니면 그림을 그리는 속도가 남들보다 훨씬 빠르거나 하는 분명한 이점이 있어야 하는 것이다.

▷ 역량

제품이 좋아 보인다고 해서 무조건 투자가 이루어지는 것은 아니다. 제품을 만들겠다고 하는 사람들에게 충분한 역량이 있는지도 같이 살핀다. 제품에 대한 계획은 좋지만, 제작 조직의 인적 구성에 의혹이 있으면 투자도 하지 않고, 회사도 프로젝트의 진행을 승인하지 않는다. 그래서 제안서에서는 구성원들의 역량에 대해서도 잘 어필하려고 애쓴다.

좋은 전략을 가지고 가치 있는 커리어를 쌓아나가겠다고 생각하는 것은 좋다. 그런데 그 길이 자신과 잘 맞는 길인지도 살펴야 한다. 경제 밸런스를 잘 잡는 기획자가 되겠다면, 숫자가 의미하는 것을 상상할 수 있는 감각이 필요하다. 프로젝트 매니저가 되겠다면, 다량의 커뮤니케이션에 부담을 느끼지 않아야 한다. 아무리 좋은 길이라도, 내가 갈 수 있는 길이 아니면 가지 말아야 한다. 따라서 내가 가려고 하는 길에 필요한 것이 무엇인지, 그런 것들을 내가 성취할 수 있을 것인지 생각해 봐야 한다.

▷ 비용과 성과

게임 제안서의 뒷부분에는 비용과 성과에 대한 내용이 필수적으로 들어간다. 프로젝트를 진행하는 데 어느 정도의 비용이 들어가며, 프로젝트를 통해 얼마나 큰 성과를 만들어 낼 수 있는지 설명하는 것이다. 어쩌면 앞의 모든 내용이 이것을 뒷받침하기 위한 것일 수 있다.

개인의 커리어에서도 비용과 성과를 따져보는 것이 좋다. 내가 목표로 하는 위치를 구체적으로 기술하고, 거기에 도달하기 위해 어느 정도의 시간과 노력이 필요할지 생각해 보는 것이다. 그러면 좀 더 체계적인 계획을 세울 수 있고, 커리어 중간중간 자신이 제대로 커리어를 쌓고 있는지 돌아보는 데도 도움이 될 것이다.

[나를 기획하기 위한 질문의 예시]

카테고리	질문
시장	– 프로그래머가 향후 10년 동안 계속 필요할까? – 필요한 프로그래머의 수가 늘어나거나 줄어들지는 않을까? – 어떤 종류의 프로그래머를 필요로 할까? 프런트엔드 프로그래머? 백엔드 프로그래머? 애플리케이션 프로그래머? 웹 프로그래머?
경쟁	– 3D 모델러를 하는 사람이 많은가? – 기업들은 좋은 3D 모델러를 구하는데 어려움을 겪고 있나? – 3D 모델러가 많다면 그 이유는 무엇인가? – 앞으로도 새로 3D 모델러가 되려는 사람이 많을까?
제품	– 어떤 종류의 프로그래머가 되고 싶나? (프런트엔드, 백엔드, 웹, 애플리케이션 등) – 주로 사용할 언어나 도구는 무엇일까? – 어떤 분야나 플랫폼에서 일하고 싶은가?
전략	– 내가 확보할 수 있는 가치는 무엇인가? – 그 가치는 고객이나 기업이 원하는 가치인가? – 그 가치는 남들이 쉽게 흉내 낼 수 있는 가치인가? – 그 가치는 오래 지속될 수 있는 가치인가?
역량	– 프로젝트 매니저가 되려면 어떤 역량이 필요한가? – 그 역량은 내가 획득할 수 있는 역량인가? – 그 역량은 내 적성과 잘 맞는 역량인가?
비용과 성과	– 내가 이루고 싶은 목표나 달성하고 싶은 성과는 무엇인가? – 그것을 위해 필요한 기술과 역량 확보에 어느 정도의 노력과 시간이 필요한가? – 그 정도의 노력과 시간은 내가 감당할 수 있는 정도인가?

SUMMARY

1. 시장

- 내가 하려는 일이 계속 필요한 일인지 생각해 보자.

2. 경쟁

- 같은 일을 하고 있는 사람이 얼마나 많은지,
  경쟁의 강도가 어느 정도일지 고민해 보자.

3. 제품

- 내가 하려는 일을 구체적으로 기술해 보자.

4. 전략

- 같은 일을 하는 사람 중에서 내가 특별히 내세울 수 있는
  강점이 있을지 생각해 보자.

5. 역량

- 내가 가려는 길에서 성공을 위해 필요한 것들이
  내가 성취할 수 있는 것들인지 따져보자.

6. 비용과 성과

- 구체적인 목표를 설정하고, 목표에 도달하기 위해
  필요한 시간과 노력을 가늠해 보자.

자동 회사 습관

강점과 단점 관리

34

PREVIEW

면접에서 많이 던지는 질문으로 강점과 단점에 관한 것이 있다. 회사에서 직원을 평가할 때도 강점과 단점을 많이 구분한다. 회의에서 여러 의견을 비교할 때도 강점과 단점을 비교한다. 강점과 단점은 무언가를 평가할 때 상당히 유용한 도구이다. 그런데 간혹 이런 질문을 만나게 된다. '강점을 강화하는 게 먼저인가? 단점을 보완하는 게 먼저인가?'

나는 이 질문이 썩 좋은 질문은 아니라고 생각한다. 결론부터 말하자면, 강점이 중요한 상황이 있고 단점이 중요한 상황이 있다. 강점 중에서도 중요한 강점과 사소한 강점이 있고, 단점 중에서도 치명적인 단점과 역시 사소한 단점이 있다. 따라서 상황과 목적에 따라 유연하게 생각할 필요가 있다.

▷ 리그와 토너먼트

대한민국 프로야구에는 10개 팀이 있다. 그리고 이 팀들이 '정규시즌'에서 각각 144경기씩을 치른다. 그렇게 해서 최종적으로 5위 안에 들면 포스트시즌에 참가할 수 있고, 포스트시즌에서 우승한 팀이 최종 승자가 된다.

일단, 정규시즌에서만 다른 팀들을 16번씩 만나게 된다. 예를 들어, LG와 두산이 16번 대결하게 된다. 그리고 포스트시즌(한국시리즈는 7전 4선 승제)까지 생각하면, 특정 팀과 최대 23번 대결하게 될 수 있다. 이렇게 같은 팀을 여러 번 반복적으로 만나게 되는 상황에서는 단점이 없는 것이 중요하다. 단점이 노출되면 상대방이 그 부분을 집요하게 노릴 수 있기 때문이다. 예를 들어, 왼손투수에 약한 팀이면 상대방이 왼손투수만 내보낼 수 있다. 포수의 어깨가 약한 팀이라면 상대방이 적극적으로 도루를 할 것이다. 그리고 이런 단점 공략이 16번의 대결 중 3, 4번의 승부만 뒤집더라도, 그것은 팀의 성적에 치명적으로 작용한다. 심지어 다른 팀들도 이 팀의 같은 단점을 공략한다면 시즌 전체가 매우 힘들어진다.

이번에는 월드컵을 생각해 보자. 48개 국가가 조별리그를 진행하고, 조별리그를 통과한 32개 팀이 토너먼트를 진행한다. 여기서 같은 팀과의 경기는 많아야 두 번이다. 조별리그에서 한 번 하고, 토너먼트에서 한 번 다시 만나는 것이다. 게다가 전체적인 경기 수도 적다. 우승 팀조차 8번의 경기만 하면 되기 때

자동 회사 습관

문이다. 따라서 단점이 노출될 확률도 낮고, 노출된 단점을 공략당할 가능성도 작다. 단점을 공략하려면, 공략하는 입장에서도 일종의 비용을 투자해야 하기 때문이다(선수 선발을 달리하는 등).

경기 수가 적은 토너먼트에서 단점을 보완하는 것은 덜 중요해진다. 반면에 그만큼 더 중요해지는 것이 있는데, 바로 확실한 강점을 만드는 것이다. 단점을 공략하기 어려운 환경에서는 더 영향력이 큰 강점이 있는 팀이 승자가 될 확률이 높다. 그래서 월드컵에 나오는 팀들은 자신의 강점을 강화하려고 노력하고, 강력한 팀워크나 수비력, 혹은 엄청난 스타플레이어가 있는 팀이 우승을 거머쥐는 경우가 많다.

▷ 어떤 강점을 강화할 것인가?

강점이란 무엇일까? 단순히 무언가를 잘하기만 하면 강점이 되는 것일까? 예를 들어, 다른 사람이 읽기 편한 코드를 짤 수 있다면 그것은 강점일까? 그럴 수도 있고, 아닐 수도 있다. 만약, 다른 프로그래머들도 읽기 편한 코드를 짜고 있다면 그것은 강점이 아니다. 반면, 다른 프로그래머의 코드는 읽기 어려운 난해한 코드라면 그것은 강점이 될 수 있다. 핵심은, 강점이 절대적인 요소가 아니라 상대적인 요소라는 것이다. 남들보다 우월한 수준이 되어야 강점이 된다.

우월성을 획득하는 것이 강점의 조건이라면, 그 우월성을 더 크게 만들 수 있는 강점이 강화의 대상이 될 것이다. 그러기 위해서는 그 강점이 나의 본질적인 특성과 잘 맞는지 생각해 볼 필요가 있다. 예를 들어, 논리적인 사고에 능한 프로그래머라면 알고리즘 구현의 강점을 강화하는 것이 의미가 있다. 알고리즘 구현에 있어 업계에서 손꼽히는 정도로 성장할 가능성이 있기 때문이다. 하지만 논리적인 사고에 능하지 않다면, 비록 지금 알고리즘을 잘 만드는 편이라고 하더라도 그것을 강화하는 데 신중해야 한다. 아무리 노력해도 노력한 만큼의 성과를 얻지 못할 가능성이 높기 때문이다.

또 한 가지 생각해야 할 것은, 그 강점이 결과에 미치는 영향력이다. 그림 잘 그리는 프로그래머를 생각해 보자. 그것도 분명 강점이고 어떤 면에서는 커리어에 도움이 될 수도 있다. 하지만 프로그래머가 하는 일에 큰 영향을 미치는 강점은 아니다. 따라서 그림을 더 잘 그리려고 노력할 필요가 없다. 이번에는 읽기 편한 코드를 짜는 역량을 살펴보자. 다른 프로그래머들도 읽기 쉬운 코드를 짜고 있으면 큰 강점이 아니라고 이야기했다. 그런데 만약, 인공지능이 유달리 나의 프로그램을 잘 이해한다면 어떨까? 다른 프로그래머의 코드를 읽을 때보다 내 코드를 읽을 때 오류가 더 적다면 어떨까? 인공지능과 협업해야 하는 시대에 그것은 큰 강점이 될 수 있다. 그리고 더 강화해야 할 요소라고 생각할 수 있을 것이다.

정리하면, 높은 수준에 도달할 수 있으면서 성과에 큰 영향

자동 회사 습관

을 미치는 강점들을 강화해야 한다는 것이다.

▷ 어떤 단점을 보완할 것인가?

보완할 단점을 결정할 때 역시 결과에 대한 영향력이 중요할 것이다. 성과에 영향을 미치지 않는 단점은 보완할 필요가 없다. 반면, 성과에 큰 영향을 미치는 단점은 보완해야 한다. 특히, 강점으로도 상쇄되지 않을 만큼 큰 단점이라면 반드시 보완할 필요가 있다.

마이클 조던이 시카고 불스에 입단한 이후에도, 시카고 불스는 좀처럼 우승할 수 없었다. 조던은 NBA 전체에서 최고의 플레이어였지만, 조던에게만 지나치게 의존하는 단점이 그 강점보다 더 큰 영향력을 행사했기 때문이다. 조던이 아무리 더 좋은 플레이를 해도 그 단점을 상쇄할 수는 없었다. 결국, 다른 선수로 득점을 올리는 방법을 개발한 이후에야 시카고 불스는 NBA를 제패하게 된다.

강점과 마찬가지로 단점 또한 자신의 특성과 연관 지어 생각하는 것이 중요하다. 다만, 강점에서는 강화할 강점을 '선택'하기 위해서였지만, 단점에서는 조금 다른 차원의 접근이 필요하다. 단점 중에는 보완하기 어려운 단점도 존재하며, 그런 단점이라도 치명적인 결과를 초래할 단점이라면 무언가 대응을 해야만 하기 때문이다. 따라서 여기서는 보완할 수 있는 것과 보완할 수 없는 것을 구분해서 이야기해 보려고 한다.

코드에 오류가 많으면 결과에 나쁜 영향을 미칠 수 있다. 따라서 이 단점은 보완해야 한다. 다만, 오류를 발생시키는 원인에 따라 대응이 약간 달라진다. 먼저, 꼼꼼하지 못해서 실수를 많이 하는 프로그래머를 생각해 보자. 이런 경우에는 충분히 보완할 수 있다. 성격을 바꾸는 것은 어렵지만, 테스트를 더 자주 하거나, AI를 통해 코드 검토를 받는다면, 성격을 바꾸지 않고도 오류를 크게 줄일 수 있다. 오히려 테스트나 AI 활용에서 새로운 강점을 획득할 수도 있다.

이번에는 논리력이 부족해서 오류를 발생시키는 프로그래머를 생각해 보자. 간단한 논리 오류는 역시 테스트나 AI를 활용해 보완할 수 있다. 하지만 복잡한 논리 체계를 설계하지 못해서 발생하는 오류는 도구를 사용해도 보완하기 어렵다. 단순 실수는 다시 작성하면 되지만, 복잡한 논리 체계를 설계하지 못하면 문제를 알아도 해결하지 못할 가능성이 높기 때문이다. 물론, 훈련을 통해 논리력을 향상할 수 있지만, 사람에 따라 한계가 있을 수 있다.

보완이 어려울 때는 조금 다른 대응을 생각할 수 있다. 먼저 그 단점의 영향력이 적은 일이나 조건, 환경을 탐색할 수 있다. 논리력이 부족하면 복잡한 프로그램을 새로 설계하는 것이 어려울 수 있다. 하지만 다른 사람이 설계한 것의 일부분을 구현하는 것은 가능하다. 혹은 이미 동작하고 있는 코드를 관리하고 개선하는 일을 할 수도 있다. 아니면 논리보다 지식이 많이 필요한 영역을 공략할 수도 있다. 게임 엔진 같은 도구를 능숙하게 사용해야 하는 분야에서 자신의 가치를 확보할 수 있는 것이다. AI처럼 변화가 빨라서 계속 새로운 지식을 학습해야 하는 분야도 생각해 볼 수 있을 것이다.

결국, 치명적인 단점은 반드시 대응해야 하는데, 보완이 가능하다면 보완하면 되고, 그렇지 않다면 일이나 환경의 변화까지도 생각해 봐야 한다는 것이다.

$\boxed{\textbf{SUMMARY}}$

1. 리그와 토너먼트
- 상황에 따라 강점 강화가 더 중요할 수도 있고, 단점 보완이 더 중요할 수도 있다.

2. 어떤 강점을 강화할 것인가?
- 다른 사람들보다 확실히 우월한 수준에 이를 수 있는 강점을 강화해야 한다.
- 성과에 큰 영향력을 미치는 강점을 강화해야 한다.

3. 어떤 단점을 보완할 것인가?
- 결과에 큰 영향력을 미치는 단점을 먼저 보완해야 한다.
- 보완이 어렵다면 일이나 환경에 변화를 꾀하는 것도 고려해야 한다.

35

이직이 가능한 상태를 유지하는 것

PREVIEW

평생직장 개념은 사라진 지 오래다. 대부분의 직장인이 커리어 내내 여러 번의 이직을 경험한다. 한 회사에서 오래 일하는 사람이 없지는 않지만, 일반적인 상황은 아니다. 따라서 첫 회사는 언젠가는 떠나야 하는 회사이고, 좋은 곳으로 이직할 수 있도록 미리 준비해 두어야 한다.

이직 준비라는 것이 단순히 이력서와 자기소개서를 써두는 것을 말하는 것은 아니다. 그런 것은 미리 하지 않아도 된다. 여기서 말하는 이직 준비는 좋은 곳으로 이직할 수 있는 역량을 갖추는 것, 그리고 내가 이직하려고 할 때 여러 조직에서 나에게 손을 내밀도록 만드는 것이다. 그러면 좋은 곳을 선택할 수 있고, 좋은 커리어를 만들어 나갈 수 있다.

▷ 포트폴리오 준비하기

이직할 때 중요한 것이 포트폴리오다. 특히 저연차에게 포트폴리오가 중요하다. 한 시간의 면접이나 경력기술서로는 지원자의 역량을 파악하기 어렵기 때문이다. 그래서 많은 면접관이 포트폴리오를 선호하고, 포트폴리오가 채용에서 차지하는 비중이 커진다.

그런데 내가 말하는 포트폴리오는 단순히 내가 어떤 작업을 했다는 기술서가 아니다. 그보다는 내 역량이 반영된 결과물이라고 할 수 있다. 프로그래머라면 프로그램, 기획자라면 기획서, 원화가라면 그림이 포트폴리오가 된다. 그러니까, 지원자의 실제 역량을 채용 담당자가 직접 확인할 수 있는 무언가가 내가 말하는 포트폴리오다.

이런 포트폴리오는 짧은 시간에 완성하기 어렵다. 따라서 회사에 다니는 동안에도 틈틈이 자신의 포트폴리오를 만들어가는 것이 좋다. 그리고 계속 갱신하면서 품질을 더 높여가는 것이다. 그러면 이직을 해야 할 때, 강력한 무기가 되어 나를 도와줄 것이다.

포트폴리오를 만들어야 하는 중요한 이유가 하나 더 있다. 포트폴리오는 나의 현재 상태를 가장 확실하게 보여주기 때문이다. 기획자를 예로 들어 보자. 저연차 기획자는 자신이 잘하는 것과 못하는 것을 잘 모를 수 있다. 심지어 앞으로 무엇을 학습해야 할지도 모를 때가 있다. 그런데 어떤 게임을 하나 정의하고 그 게임의 전체적인 기획서를 작성하다 보면 자신의 장점과 단점, 필요한 것들이 보이기 시작한다. 기획서의 완성도를 높이는 과정에서, 자연스럽게 좋은 기획자가 갖추어야 할 것들을 하나씩 갖추기 시작한다. 물론, 기획서를 쓰는 것만이 기획자의 업무인 것은 아니지만, 가장 본질적인 업무에 필요한 역량을 갖추는 것은 저연차 직장인에게 굉장히 중요하다.

[포트폴리오로 생각해 볼만한 것들]

예시 직군	포트폴리오로 고민해 볼만한 것들
게임 기획자	– 게임 기획서: 채용 담당자가 보기 편하도록 너무 장황하게는 쓰지 말고, 핵심적인 내용만 정리한다. – 콘텐츠 기획서: 특정 콘텐츠(퀘스트 시스템 등)에 대한 기획만 정리하면 디테일한 부분까지 보여주기에 좋다. – 게임 분석 문서: 기존의 게임들을 여러 가지 측면에서 분석한다. 같은 장르의 게임들을 비교 분석할 수 있으면 더 좋다. 게임에 대한 인사이트를 보여줄 수 있다. – 보드게임 기획서: 보드게임 규칙은 상대적으로 단순해서 5장 이내의 문서로 정리 가능하다. 창의력과 정리 능력을 보여주기에 나쁘지 않다.
게임 프로그래머	– GitHub에 올려둔 코드: 실력을 가장 분명하게 보여줄 수 있다. AI를 이용하여 작성한 코드는 가산점을 받을 수 있다. 너무 쉬운 프로그램보다는 도전적인 수준의 프로그램을 작성하는 것을 권한다. – 스토어에 출시한 게임: 간단한 게임을 만들어서 스토어에 출시해 둘 수 있다. 개인적으로 게임을 만들고 출시해 봤다는 것은 연차가 낮은 지원자에게 큰 장점이 될 수 있다. – 자신이 했던 작업에 대한 설명 문서: 해당 프로그램을 다른 사람에게 인수인계할 수 있을 정도의 문서. 자신이 했던 작업을 잘 정리하고 설명할 수 있는 것도 좋은 장점이 된다.
게임 아티스트	– 100% 수작업으로 진행한 결과물과 AI 도구를 활용한 결과물을 함께 보여주면 눈에 띌 것이다. – 프로젝트에 따라 필요한 스타일이 달라질 수 있기 때문에, 다양한 스타일의 결과물을 보여주면 더 좋다. – 본인의 장점을 잘 어필할 수 있는 결과물이어야 한다. 채용 담당자가 장점을 알아서 찾게 하지 말고 설명을 잘 가미하자.

258

채용 과정에서, 경력이 짧을수록 스펙의 영향을 많이 받는다. 출신학교와 전공 같은 것들이 이직할 때마다 발목을 붙잡을 수 있다. 그런데 좋은 포트폴리오는 스펙을 뛰어넘는다. 좋은 포트폴리오가 있으면 명문대 출신이나 스펙 좋은 경쟁자들을 이겨낼 수 있다. 따라서 저연차일 때부터, 혹은 처음 취업을 준비할 때부터 포트폴리오에 관심을 많이 갖는 것이 좋다.

▷ 생산성 늘리기

대부분의 기업이 아주 좋아하는 단어가 '생산성'이다. 비용은 적게, 효용은 많게 만들고자 하는 것이 기업 활동의 핵심이니 당연한 일일 것이다. 그런데 이런 생산성은 개인에게도 매우 중요하다. 연차가 쌓일수록 개인의 생산성을 늘려나가야 하는 것이다.

신입 때 받던 연봉을 20년 차가 되어서까지 받고 싶은 사람은 아마 없을 것이다. 그래서는 생활을 유지하기도 어렵다. 그런데 이직이 잦은 환경에서는 이직할 때마다 자신의 가치를 재평가받는다. 만약 신입 때와 같은 정도의 일을 하고 있다면 20년 차가 되어서도 같은 연봉을 받게 될 수 있다. 그나마 할 일이 있으면 다행이다. 연차가 높아질수록 일자리가 줄어들기 때문에, 높은 생산성을 갖지 않으면 일자리를 구하기도 점차 어려워진다.

생산성이 높다는 것은 '일을 많이 한다'는 뜻이 아니다. 나를 고용한 주체에게 높은 가치를 제공한다는 뜻이다. 일의 양으로 늘릴 수 있는 가치는 한계가 있고, 심지어 매우 적다. 그래서 양보다는 '일의 질'을 높여야 한다. 말하자면, 같은 시간을 일하면서도 점차 내가 제공하는 가치가 높아지도록 만들어야 한다.

프로그래머를 예로 들면, 매번 똑같은 수준의 코딩 작업만 해서는 생산성이 늘지 않을 것이다. 더 많은 범위의 요구사항을 처리할 수 있게 되거나, 결과물인 코드의 품질이 눈에 띄게 좋아지거나, 혹은 복잡한 설계를 해낼 수 있게 되는 등으로 발전이 있어야 한다. 관리 역량을 키워서 프로그래밍 팀을 훌륭하게 이끌 수 있게 되는 것도 방법일 것이다.

생산성이 일의 양이 아니라 가치의 양으로 정해진다는 것에는 좋은 면이 있다. 높은 가치일수록 그것을 제공하는 사람이 적어진다. 그래서 더 높은 가치를 제공할 수 있게 되면, 연봉은 그것보다 더 빠르게 상승하고 이직을 하기도 쉬워진다. CEO가 수십 억 원의 인센티브를 받는 것은, 그가 수십 수백 명이 할 일을 해서가 아니다. 아무나 할 수 없는 일을 하기 때문이라는 것을 명심해야 한다.

[내가 일하는 시간의 가치를 높이는 방법의 예시]

- 관리 역량을 키워서 팀의 성과를 향상하는 리더가 되면 실무자로서 혼자 만들어 내는 것보다 더 많은 가치를 생산할 수 있다.

- 설계나 디렉팅 능력을 키우면 단순한 작업을 수행하는 것보다

자동 회사 습관

조직의 성과에 훨씬 크게 기여할 수 있다.

- 다른 사람이 할 수 없거나 하기 어려운 일(밸런스 기획, 독보적인 그림 등)을 하면 희소성에 의해 가치가 크게 올라간다.
- 인공지능의 도입 등으로 큰 변화가 예상될 때 그 변화를 남들보다 빨리 이용하면, 선점 효과로 개인의 가치를 크게 높일 수 있다.

▷ 영속적인 가치 갖기

자신이 제공할 수 있는 가치와 관련해서 생각해야 할 것에 '영속성'이 있다. 이는 나의 가치가 얼마나 오래 유지될 수 있을 것인가에 관한 것이다. 아무나 할 수 없는 일이라고 안심하고 있다가, 단기간에 그 가치를 잃어버릴 수 있다. 주로 기술 혁신에 의해 많이 일어나지만, 사회 변화에 의해서도 종종 일어난다.

3D 게임이 일반화되자, 많은 게임 회사들이 자체 게임 엔진을 만들기 시작했다. 그래서 게임 업계에는 엔진 개발자가 많았다. 그런데 몇몇 회사에서 자신들의 엔진을 팔기 시작했고, 그 엔진의 품질이 자체 엔진보다 월등하기 때문에 많은 회사가 자체 개발을 포기했다. 그 결과 엔진 개발자의 가치가 크게 떨어졌다.

이런 일은 생각보다 자주 벌어진다. 몇 년 전에 프로그래머의 연봉이 급등했고, 그래서 새로 프로그래머가 되고자 한 사람도 많았다. 그런데 지금은 프로그래머들이 일자리 걱정을 하고 있다. 특히 AI가 발전하면서 프로그래머의 일자리가 매우 크게 줄어들 가능성도 이야기하고 있다.

가치의 크기는 계속 변한다. 기술 발전이 빠르고, 사회 변화가 급격히 진행되는 시대에는 개인의 가치가 가진 크기도 빠르게 달라진다. 쓸모없던 역량이 매우 중요한 역량으로 바뀔 수도 있고, 그 반대가 될 수도 있다. 그런 변화를 개인이 따라잡는 것은 무척 어렵다. 그래서 좀 더 영속적인 가치, 혹은 본질적인 가치에 관심을 가져야 한다.

프로그래머라면 논리적인 사고가 본질적인 가치가 될 수 있다. 혹은 문제 해결력을 영속적인 가치로 키울 수도 있을 것이다. 기획자라면 고객에 대한 이해, 프로젝트를 진행하는 기술, 창의적인 사고를 본질적인 가치로 가질 수 있다. 원화가도 단순히 그림만 잘 그릴 것이 아니라, 사람들이 그림을 받아들이는 방식이나 그림이 가지는 본질적인 특징에 대해 이해하고 있으면 더 좋다. 이런 본질적인 가치는, 지금 하고 있는 일과는 다른 일에서도 효용을 발휘할 것이다. 혹은 지금 하고 있는 일에서 남들과 구별되는 장점을 갖게 만들 수도 있다.

[본질적인 가치를 활용하는 예시]

- 논리적인 사고에 능한 프로그래머: 인공지능이 프로그래머를 대체하는 시대에도, 오히려 인공지능을 데리고 문제를 해결하는 데 뛰어난 성과를 내는 프로그램 설계자가 될 수 있다.
- 고객의 욕구를 잘 이해하는 기획자: 인공지능을 이용해 시장에

자동 회사 습관

필요한 서비스를 더 잘 기획할 수 있다.

- 시각에 대한 통찰이 있는 원화가: 인공지능보다 트렌드를 더 빨리 따라갈 수 있고, 때로는 트렌드를 만들어 낼 수도 있다.

SUMMARY

1. 포트폴리오 준비하기

- 저연차일수록 포트폴리오가 채용에서 차지하는 비중이 크다.
- 포트폴리오로는 지원자의 역량을 보여줄 수 있는 결과물이 좋다.
- 포트폴리오의 품질을 높이는 과정에서 자연스럽게 내게 필요한 역량을 강화하게 된다.

2. 생산성 늘리기

- 연차가 높아질수록 생산성이 같이 높아져야 연봉도 오르고 일자리도 유지된다.
- 생산성이 높다는 것은 일을 많이 한다는 것이 아니라, 같은 시간에 더 높은 가치를 만들어 낸다는 의미이다.
- 제공하는 가치가 높아지면, 보상의 크기는 더 빠르게 상승한다.

3. 영속적인 가치 갖기

- 변화가 빠른 시대에는 개인이 보유한 가치의 크기도 빠르게 달라진다.
- 자신의 일과 관련한 본질적인 가치에 관심을 갖자.
- 본질적인 가치는 필요한 곳이 더 많고, 때로는 현재 하고 있는 일에서 특별한 장점으로 연결되기도 한다.

(36)

에너지는
충전이 필요하다

커리어를 100m 달리기에 비유하는 사람은 본 적이 없다. 대부분 마라톤 같은 장거리 경주에 비유한다. 20년, 30년의 일이니 긴 호흡으로 생각하는 게 당연하다. 이렇게 긴 호흡으로 봐야 하는 것은 순발력보다 지치지 않고 꾸준히 달리는 것이 더 중요하다.

지치지 않고 꾸준히 달리려면 에너지를 충전하는 것이 중요하다. 동력을 잃지 않으면서 에너지를 채우는 과정이 필요하다. 체력도 회복하고, 정신력도 회복해서 계속 앞으로 나아갈 수 있게 해야 한다.

▷ 나만의 충전 방법 찾기

쉬는 방법에는 여러 가지가 있다. 혼자서 시간을 보낼 수도 있고, 사람들과 어울리면서 쉴 수도 있다. 운동을 하면서 쉴 수도 있고, 여행으로 휴식을 채울 수도 있다. 각각의 휴식 방법은 누군가에게는 효과가 있고, 누군가에게는 효과가 없다.

휴식은 결국 에너지를 채우는 과정이다. 일을 꾸준히 하기 위해서는 소진되는 에너지를 계속 채워주어야 한다. 그런데 에너지가 채워지는 과정이 사람마다 다르다. MBTI의 I와 E만 해도 에너지를 채우는 방식으로 구분되는데, 실제로는 더 복잡한 시스템이 존재하는 것 같다. 예를 들어, 나는 혼자 있는 시간을 통해 에너지를 채운다. 하지만 나 혼자 청소를 한다고 해서 에너지가 채워지지는 않는다. 책을 읽거나, 게임을 하고 나면 에너지가 충전된 것을 느낀다. 반면, 어떤 사람은 청소를 통해 에너지를 채우기도 한다.

그래서 자신에게 맞는 방법을 찾는 것이 필요하다. 다른 사람들이 하는 것을 따라 해볼 수도 있지만, 그것이 자신에게 효과가 있는지 잘 생각해야 한다. 이때, 단순히 '쉬었다'는 느낌으로는 부족하다. 몸의 에너지를 채운 것과 마음의 에너지를 채운 것을 혼동해서는 안 된다.

에너지를 제대로 충전했다면 일터로 복귀하는 것이 어렵지 않을 것이다. 일을 해야 한다는 사실은 이미 알고 있는 것이고, 충분히 잘 해낼 수 있을 것 같은 마음이 든다면 에너지가 잘 충전된 것이다. 반대로 휴식을 취했는데도 일이 손에 잡히지 않는 경우가 있다. 그렇다면 휴식을 취하는 다른 방법을 더 찾아보는 것이 좋다.

한 가지 생각해 볼만한 것이 있다. 바로, 자신의 특성이나 신념에 어울리는 휴식 방법을 찾는 것이다. 건강을 중요하게 생각하는 사람에게는 운동이 휴식이 될 수 있다. 지식에 목마른 사람이라면 독서를 통해 에너지를 충전할 수 있다. 내 자아와 상관없이 자극적인 것을 추구하거나 유행을 따라갈 수도 있는데, 그런 것으로 온전히 에너지를 보충하기는 쉽지 않다. 그보다는, '내 삶을 온전히 살았다'는 느낌의 활동을 더 추천한다.

▷ 휴식도 계획이 필요하다

일을 할 때 계획이 중요하다는 것은 많은 사람들이 공감하는 것 같다. 그런데 휴식에도 계획이 필요하다는 것은 생각하지 못하는 사람들이 많다. 걷다가 힘들면 잠시 앉아서 쉬는 것처럼, 힘들 때 쉬면 된다고 생각하는 듯싶다.

힘들다고 느껴질 때 쉬는 것은 나쁘지 않다. 문제는, 괜찮은 것 같아서 휴식을 뒤로 미루는 경우다. 자신에게 휴식이 필요한지 정확히 가늠할 수 없는 상태에서, 당장 해야 할 일 때문에 휴식을 보류한다. 그리고 그것이 반복되면서 신체적, 정신적 피로가 누적된다. 자신도 모르는 사이에 업무 효율이 떨어지고, 작은 일에도 예민하게 반응하게 되거나, 삶을 점차 부정적으로 인식하게 된다. 그러다 마침내 번아웃에 이르게 된다.

운동을 할 때는 많은 사람들이 휴식을 계획한다. 몇 분의 운동을 하면 몇 분을 쉬고, 몇 km를 뛰고 나면 몇 km를 걸어야겠다고 미리 생각한다. 휴식 없는 운동이 건강을 해친다는 것을 알고 있고, 어느 정도의 운동마다 어느 정도의 휴식이 필요한지

자동 회사 습관

잘 알려져 있기 때문이다. 그런데 정신적인 부분에서는 이런 것이 부족하다. 과한 운동이 근육을 어느 순간 파열시키는 것처럼, 정신도 소모가 지나치다 보면 어느 순간 회복하기 어려울 정도로 무너져 버린다. 그 과정이 운동처럼 과학적으로 분석되고 공유된 것이 아니다 보니, 많은 사람이 괜찮을 거라고 착각하며 휴식을 멀리한다.

휴식의 계획은 '번아웃을 예방한다'는 관점에서 접근하면 좋다. 근육이 파열되면 회복이 어렵고 후유증이 남는 것처럼, 번아웃도 회복이 더디고 회복되더라도 후유증이 남는다. 따라서 예방이 최선이다. 번아웃을 예방하려면 힘든 상황 속에서 휴식을 계획하는 것이 아니라, 충분히 휴식하는 상황에서 적절한 휴식 계획을 찾아야 한다. 운동에 비유하면, 처음부터 10km를 달려보고 휴식 계획을 세우지 말고, 1km마다 휴식을 취해보고 달리는 거리를 점차 늘려보는 접근이 더 좋다는 이야기다.

특히, 일이 많을 때일수록 휴식 계획을 먼저 세우기를 권한다. 해야 할 일이 많을 때는 휴식을 뒤로 미루기 쉽다. 일을 하다 보면 새로운 일이 추가되는 경우가 많은데, 휴식을 계속 보류하다가 결국 탈이 난다. 따라서 할 일이 많으면 일의 계획을 세우기 전에 먼저 휴식의 계획부터 세우자. 그리고 휴식의 우선순위를 높게 잡아놓자. 충분한 휴식이 보장되지 않는다면, 그것은 내가 감당할 수 없는 일인 것이다.

▷ 쉴 때는 확실하게 쉬는 것이 좋다

일할 때는 일에 집중하고, 쉴 때는 쉼에 집중하는 것이 좋다. 아마 많은 사람이 이런 이야기를 이미 들어봤을 것이다. 그런데 알면서도 그렇게 못하는 경우들이 있다. 주말에 나들이를 나가서도 월요일에 해야 할 일 생각에서 벗어나지 못하는 사람들이 있다.

이것은 잘못된 것이 아니다. 일이 주는 압박감과 스트레스가 크면, 주말에도 일 생각에서 멀어지기가 어렵다. 이것은 무척 자연스러운 일이다. 다만, 쉬어야 할 시간에 일 생각 때문에 제대로 쉬지 못하면, 충분한 휴식을 취하지 못하게 된다. 그리고 에너지가 충분히 충전되지 않은 상태로 다시 일터에 나가게 된다. 그러다 보면 휴식은 휴식대로 부족하고, 업무 효율은 업무 효율대로 낮은 악순환에 빠질 수 있다.

그래서 노력이 필요하다. 쉴 때는 쉬는 것에 집중하려는 의지를 가져야 한다. 일 생각이 나면 의식적으로 그것을 멀리하고, 빨리 휴식에 대한 생각으로 돌아가야 한다.

휴식에 집중하기 위해서는 내가 몰입할 수 있는 활동을 하는 것이 좋다. 볼링을 좋아하는 사람은 볼링을 할 때 온전히 휴식에 집중할 수 있을 것이고, 여행을 좋아하는 사람은 여행 중에 다른 생각으로부터 멀어질 수 있을 것이다. 온전히 휴식에 몰입하기 위해서도, 자신에게 맞는 휴식 방식을 찾는 것이 중요하다.

또한, 일의 집중도를 높이는 것도 필요하다. 쉴 때 확실하게 쉬기 위해서는 일할 때도 확실하게 일해야 한다. 일의 집중력이 낮아서 충분한 성과를 만들지 못한다면, 쉬어야 할 시간에 휴식에 집중하는 것이 무척 어려울 수 있다.

SUMMARY

1. 나만의 충전 방법 찾기

- 자신에게 맞는 방법으로 충전해야 에너지가 온전히 채워진다.
- 충분한 휴식을 취했다면, 일터로 복귀하는 것이 어렵지 않게 된다.
- '내 삶을 살았다'는 느낌이 드는 휴식 방법이 대체로 좋다.

2. 휴식도 계획이 필요하다

- 휴식을 자꾸 보류하다가 번아웃에 빠지게 된다.
- 번아웃을 예방하려면, 충분히 쉬면서 휴식을 조절해 나가는 것이 좋다.
- 일이 많을 때일수록 휴식 계획을 먼저 세워야 한다.

3. 쉴 때는 확실하게 쉬는 것이 좋다

- 쉴 때 일 생각이 떠오르는 것은 자연스러운 일이다. 따라서 의지를 가지고 쉼에 집중해야 한다.
- 몰입할 수 있는 활동을 하면 도움이 된다.
- 일할 때 온전히 일에 집중해야 쉴 때도 쉼에 집중할 수 있다.

변화가 기회다

PREVIEW

최근 IT 업계에서는 신입 채용이 많이 줄었다. 전반적으로 취업과 이직이 쉽지 않은 분위기인데, 그나마 진행되는 채용도 경력자를 선호하다 보니 대학 졸업자들이 취업하기가 쉽지 않다. 경력자를 선호하는 분위기는 예전부터 있었다. 하지만 경력자만으로 인원을 채우지 못하는 경우도 많았고, 굳이 경력자가 필요하지 않은 일들도 있기 때문에 어느 정도의 신입 채용이 꾸준히 이루어지고 있었다. 그런데 최근에는 많은 기업이 규모를 줄이려다 보니, 신입 채용 문턱부터 좁아지는 것 같다.

그렇다고 신입이나 연차가 낮은 사람들에게 기회가 없는 것은 아니다. 오히려 굉장한 기회의 시기가 다가오고 있다고 볼 수 있다. 모든 비즈니스 분야에 커다란 변화의 바람이 불고 있기 때문이다. 바로, 인공지능에 의해 촉발된 변화이다. 그리고 변화는 대체로 새로운 세대에게 기회가 된다. 기존 트랙에서 앞서 달리던 사람을 따라잡는 것은 쉽지 않다. 하지만 새로운 트랙이 열린다면 얘기가 달라진다. 먼저 달리던 사람들과 비슷한 위치에서 경쟁할 수 있다. 심지어 더 유리한 점을 가지고 경쟁할 수도 있다.

자동 회사 습관

▷ 구글, 아마존, 넷플릭스

내가 인터넷이라는 것을 처음 알게 된 때는 1995년 무렵이었다. 몇 줄의 코딩만으로 웹페이지가 만들어지는 것이 신기했다. 이후 군대에 있을 때 인트라넷을 사용하게 되었고, 제대한 2000년부터는 인터넷을 통해 새로운 사람들과 다양한 교류를 하기도 했다. 당시 인터넷에서 매우 중요한 키워드는 '검색'이었다. 야후, 라이코스, 엠파스 같은 검색 엔진이 있었지만 아직 불편한 점이 많았다. 예를 들어, '박찬호'로 검색하면 박찬호와 관련된 기사의 링크들이 나열되었는데, 언론사는 달랐지만 기사의 내용은 거의 똑같았다. 한마디로 말해서, 중복되는 내용의 웹페이지가 여러 개 노출되는 문제가 있었다. 그런데 어느 날 '구글'이라는 엔진이 등장했다. 구글은 대량의 검색 결과를 빠르게 보여주는 장점도 있었지만, 무엇보다 중복 없는 검색 결과를 보여주었다. '박찬호'로 검색하여 나온 검색 결과들은 박찬호에 관한 다양한 소식을 전해주었다. 구글의 이런 장점은 사람들을 빠르게 매료시켰고, 구글이라는 기업의 성장 속도 역시 눈부실 정도로 빨랐다.

구글이라는 세계적인 기업이 등장할 수 있었던 배경에는 '인터넷'이라는 커다란 변화가 있었다. 인터넷이 발전하면서, 사람들이 정보를 획득하는 경로가 온라인으로 빠르게 이동하고 있었다. 그리고 온라인이 차지하는 비중이 커질수록 '검색'의 가치는 더 가파르게 상승했다. 그래서 많은 기업이 검색 시장에 뛰어들었고, 최후의 승자인 구글이 세계적인 기업으로 성장할 수 있었던 것이다. 그런데 검색 시장을 두고 경쟁했던 기업들은 전통적인 비즈니스 강자들이 아니었다. 그보다는 새로운 미래를 남들보다 먼저 알아차린 신규 플레이어들이었다. 기존의 대기업들이 기존 사업의 효율 향상을 고민하고 있을 때, 신규 플레이어들은 완전히 새로운 형태의 사업을 시도하고 있었던 것이다. 이런 일은 이후로도 여러 번 반복된다. 온라인 쇼핑의 잠재력을 알아차린 아마존이나, 콘텐츠 소비 방식의 변화를 예측한 넷플릭스 같은 기업들이 새로운 비즈니스 강자로 떠오른 것이다.

인터넷은 사람들의 생활을 크게 변화시켰다. 생활이 변화했다는 것은 시장이 달라졌다는 것을 의미하고, 달라진 시장은 비즈니스의 개념, 방식, 도구 등에 변화를 요구한다. 그리고 이런 큰 변화가 요구되는 상황은 새로운 플레이어들에게 기회가 된다. 전통적인 강자들이 가지고 있던 장점의 가치가 크게 줄어들고, 변화에 빠르게 적응하는 것이 무엇보다 중요한 요소로 작용하기 때문이다.

▷ 기업만의 이야기가 아니다

이러한 일이 기업의 세계에서만 벌어진 것은 아니다. 네트워크 기술의 발전은 시장에 큰 변화를 일으켰지만, 동시에 일하

자동 회사 습관

는 환경에도 변화를 일으켰다. 온라인 시장의 발전은 IT 산업을 확장시켰고, 나중에는 오프라인 시장에서 비즈니스를 하는 기업들도 IT 기술을 활용하기에 이르렀다. 자연스럽게 디지털 테크놀로지에 능숙한 사람들을 필요로 했고, 새로운 기술을 익숙하게 다루는 사람들이 좋은 지위와 높은 임금을 받는 상황이 연출되었다. 웹페이지가 무수히 만들어질 때, 모바일 애플리케이션 개발이 필수가 되었을 때, 기업의 디지털 트랜스포메이션이 중요한 화두가 되었을 때, 프로그래머들의 연봉이 크게 상승했던 것은 결코 우연이 아닌 것이다.

오히려 기업보다 근로자에게, 변화는 더 자주, 그리고 더 극적으로 일어난다. 웹페이지 제작 붐이 일었을 때 웹 프로그래머는 인기 직종이었다. 기본적인 기술만 습득해도 취업이 어렵지 않았다. 하지만 기업들의 웹페이지 제작이 어느 정도 마무리되자 웹 프로그래머에 대한 수요가 크게 줄었고, 직장을 구하지 못하는 프로그래머가 많아졌다. 그런데 모바일 시장이 열리고 모바일 비즈니스가 필수가 되니 다시 웹 프로그래머의 가치가 상승했다.

게임 산업 초창기에는 여러 게임 회사가 자체 게임 엔진(게임을 만드는 도구, 주로 3D 표현을 지원함)을 제작해서 사용했다. 그래서 엔진에 능통한 개발자의 수요가 많았다. 하지만 '언리얼(Unreal)'엔진이 압도적으로 좋은 성능을 보여주자, 많은 기업들이 언리얼엔진을 구매하여 사용하게 되었다. 그러면서 자체 엔진 개발을 대부분 포기하게 되었고, 많은 엔진 개발자들이 새로운 일을 찾아야 했다.

이처럼 직업이나 일이 가진 가치는 매우 빠르게 변화하고 있다. 지금 아무리 유망한 직업이라도 5년, 10년 뒤에는 어떻게 될지 모른다. 반대로 지금은 각광받는 일이 아닐지라도 5년, 10년 뒤에는 비싼 연봉을 지급해서라도 실현해야 하는 일이 될 수 있다. 알파고가 등장하기 전에도 인공지능 전문가들이 존재했음을 생각해 보라. 그때 그들은 연봉을 몇억 원씩 받는 입장이 아니었다.

▷ 판이 흔들릴 때 기회가 온다

인공지능의 발전이 매우 빠르다. 1년 전과 지금의 쓰임새를 보면 큰 차이를 느낄 수 있다. 이미 많은 기업에서 인공지능을 업무에 활용하고 있고, 앞으로 더 많은 영역에서 더 다양한 목적으로 활용할 것이다. 그러면서 나오고 있는 말이 있다. '일하는 방식 자체를 바꿔야 한다'는 이야기다. 최근 있었던 〈AI SUMMIT SEOUL〉 콘퍼런스에서도 여러 강연자가 이러한 의견을 피력했다.

인터넷이 사람들의 일하는 방식을 바꿨듯이, 인공지능도 일하는 방식을 바꿀 것이다. 그리고 인공지능과의 협업능력이 커리어의 필수 역량으로 자리 잡을 가능성이 높다. 인공지능과의 협업에 능하면, 1년 차도 10년 차와 동일한 결과물을 만들어 낼 수 있다. 그리고 더 빨리 만들어 낼 수 있다. 물론, 업계에 대한 통찰을 인공지능과의 협업에 잘 활용하는 경력자가 더 좋은 결과를 만들어 낼 것이다. 하지만 경력자들 중에 그렇게 할 수 있는 사람이 생각보다 많지는 않다.

게다가, 경력자에게는 이미 익숙한 업무 방식이 있다. 경력이 오래되었을수록 그것이 더 확고할 수 있다. 그런 사람들에게, 업무 방식의 큰 변화에 적응하는 것은 쉽지 않다. 오히려 저항하는 경우가 많고, 그런 저항은 기업의 이익과 충돌하게 된다. 어떤 면에서는 안타까운 이야기이지만, 어쨌든 신입사원과 연차가 낮은 사람들에게 이런 상황이 기회가 되는 것은 사실이다.

예를 들어, 기존 방식대로 작업하는 10년 차 아티스트와 새로운 방식으로 작업하는 1년 차 아티스트가 있다고 생각해 보자. 10년 차 아티스트가 2주에 걸쳐 그린 캐릭터는 디테일이 잘 묘사된 훌륭한 결과물일 것이다. 반면, 1년 차 아티스트가 인공지능을 활용하여 하루 만에 완성한 캐릭터는 품질이 다소 부족할 수 있다. 그런데 그 품질이 기준치를 넘어간다고 하면 과연 기업 입장에서는 어떤 작업자를 선호하게 될까? 물론, 10년 차 아티스트도 인공지능을 활용할 수 있다. 인공지능의 결과물에 자신의 작업을 더해서 3일 만에 아주 훌륭한 결과물을 만들어 낼 수도 있을 것이다. 그렇다고 해도 여전히 연차가 낮은 아티스트를 선호하는 기업들이 있을 수 있다. 품질이 어느 수준을 넘어가면 인건비를 더 중요하게 생각할 수 있기 때문이다. 여기에 인공지능이 더 발전해서 창의적인 작업이 가능하다고 하면

연차의 차이는 더 줄어들 것이다.

　인공지능의 활용이 반드시 새로운 세대에게 유리한 것은 아니다. 하지만 기존 작업자들과 신규 작업자들을 같은 선상에서 경쟁하게 만들 수는 있다. 나이나 경력으로 구분되는 '시니어', '주니어'의 호칭은 사라지고, 숙련도만으로 규정되는 '숙련자', '초심자'의 호칭만 남게 될 수도 있는 것이다.

> "IBM과 시어스, 메릴린치가 졸고 있었을까? 절대 아니다. 이들은 모두 목숨을 건 사투를 벌였다. IBM은 후지쯔와 지멘스를 방어했고, 시어스는 몽고메리워드와 싸웠으며, 메릴린치는 J.P. 모건과 난투극을 벌였다. 그러니까 졸았던 게 아니라 '한눈을 팔고' 있었다. 그러다가 순진하게도 오히려 새로운 도구와 새로운 기술, 새로운 아이디어를 더 잘, 더 빠르게, 더 완벽하게 사용할 수 있는 '바로 어제 태어난' 갓난아이(마이크로소프트, 월마트, 찰스슈왑)에게 어이없이 당하고 말았다."
>
> **– 톰 피터스, 『미래를 경영하라』**

자동 회사 습관

SUMMARY

---

1. 구글, 아마존, 넷플릭스

- 인터넷은 비즈니스 환경을 크게 변화시켰다.
- 그런 변화를 잘 이용한 것은 전통의 강자가 아니라
  구글, 아마존, 넷플릭스 같은 새로운 기업들이었다.

2. 기업만의 이야기가 아니다

- 웹 프로그래머, 엔진 프로그래머의 가치가 상황에 따라
  크게 달라진 역사가 있다.
- 변화가 빠르면 직업이나 일이 가진 가치도 크게 변화한다.

3. 판이 흔들릴 때 기회가 온다.

- 급격한 변화는 경력의 가치를 줄인다.
- 인공지능은 일하는 방식을 크게 바꾸고 있다.
- 인공지능과의 협업 능력이 중요해질 것이다.
- 변화에 적응하는 것은 새로운 세대가 더 잘할 수 있다.

[보충 수업]
부록

A. 나에게 맞는 일이 뭘까?

B. 흔한 면접 질문

C. AI에 익숙한 신입사원

나에게 맞는 일이 뭘까?

직업 선택과 관련해 예전부터 내려오는 유명한 질문이 있다. 바로, '잘하는 일을 해야 할까? 아니면 좋아하는 일을 해야 할까?'이다. 춤추는 것을 좋아하지만 소질이 있는 것은 프로그래밍일 때, 댄서를 하는 것이 좋을까? 아니면 프로그래머를 하는 것이 좋을까?

정답이 있다면 진작에 결론이 났을 것이다. 정답이 없어서 수십 년간 고민이 이어져 오고 있다. 좋아하는 것을 해서 성공한 사례도 있고, 잘하는 것을 해서 성공한 사례도 있다. 반대로 좋아하는 것이나 잘하는 것을 선택한 후에 실패한 사례도 많을 것이다. 결국, 사람에 따라 정답은 달라질 수 있다. 따라서 좋아하는 일이냐 잘하는 일이냐보다는, 직업에서의 성공에 필요한 것이 무엇인지를 따져보는 편이 더 좋을 듯하다.

▷ 몰입할 수 있는 일

모차르트 같은 천재라면 이런 고민이 필요 없을 것이다. 어떤 일을 해야 좋을지 고민하는 이유는 성공에 도달하기까지 오랜 시간이 걸리기 때문이다. 많은 시간과 노력을 투입하고 끊임없이 성장해서, 멀리 있는 성공에 조금씩 다가가야 한다. 그런데 지속적인 성장을 위해서는 무엇보다 그 일에 몰입하는 것이 필요하다.

좋아하는 일을 선호하는 사람도, 잘하는 일을 선호하는 사람도, 이 점을 중요하게 생각한다. 좋아하기 때문에 몰입할 수 있다고 이야기하고, 잘하기 때문에 몰입할 수 있다고 이야기한다. 아마 두 의견 모두 틀린 말은 아닐 것이다. 어쨌든 몰입은 일의 성공에 아주 중요한 요소이다. 춤에 몰입하지 못하면서 댄서로서 성공할 수는 없다. 프로그래밍에 몰입하지 못하면서 좋은 프로그래머가 될 수도 없다. 따라서 몰입하기 어려운 일은 일단 선택지에서 배제할 수 있을 것이다.

물론, 몰입이 없어도 성장할 수는 있다. 하지만 성장 속도는 더딜 것이다. 같은 일을 하는 사람이 수없이 많고, 성공이 상대적인 성장의 정도에 좌우된다고 생각하면, 느린 성장이 자기만족은 줄 수 있어도 성공은 가져다주지 못할 것이라는 사실을 예상할 수 있다.

▷ 쉽게 포기하지 않을 일

직업에서 좌절을 겪지 않는 사람이 얼마나 될까? 세상에는 성공보다 실패가 많다. 어떤 커리어를 선택하든, 여러 번의 실패를 만날 수밖에 없다. 게다가 일부 실패는 유달리 큰 좌절감을 주기도 한다. 그런 실패를 넘어서서 계속 나아가지 않는다면, 성공에 이르는 것은 무척 어렵다.

댄서의 길을 선택하고 열심히 노력도 했는데, 막상 무대에 설 기회가 별로 없다고 상상해 보자. 그래도 댄서의 길을 계속 가겠는가? 프로그래밍을 열심히 훈련했는데, 하는 프로젝트마다 결과가 좋지 못하고, 크고 유명한 회사로의 이직도 번번이 실패한다면 계속 프로그래밍을 하겠는가?

이 부분은 '신념'과 관계가 있다. 좋아하는 일이든, 잘하는 일이든, 내가 걷고자 하는 길에 대해 굳건한 믿음이 있고 강한 신념이 있으면, 실패와 좌절에 굴하지 않고 계속 나아갈 수 있다. 하지만 그런 믿음과 신념이 부족하면 실패를 겪을 때마다 흔들리고, 결국 중간에 포기할 가능성이 높아진다.

따라서 단순히 기호와 소질의 측면에서만 생각하지 말고, 과연 그 길에 대해 내가 굳건한 믿음이 있는지, 혹은 가질 수 있는지 생각해 보는 것도 무척 중요하다.

추상적인 측면도 중요하지만, 현실적인 측면도 중요하다. 일이라는 것은 결국 내가 판매하는 상품에 해당하기 때문이다. 따라서 상품 기획을 할 때 고려하는 것들을, 일을 선택할 때도 고려할 필요가 있다.

단순하게 생각하면 세 가지 고려사항이 있다. 첫 번째는 '얼마 큼의 금전적 가치를 가지는가?'이다. 돈이 전혀 상관없다면 이 질문은 넘어가도 좋지만, 돈을 버는 것이 중요하다면 이 질문은 상당히 중요하다. 댄서로서 벌 수 있는 수입과 프로그래머로서 벌 수 있는 수입을 가늠해 볼 필요가 있다. 직업 자체가 어느 정도의 수입 범위가 있기 때문에, 돈을 중요하게 생각한다면 직업이 갖는 금전적 가치를 반드시 생각해 봐야 한다. 물론, 어느 직업이든 최고가 되면 큰돈을 벌 수 있을 것이다. 하지만 최고는 몇 명 없다. 아무리 열심히 해도 최고가 되지 못하는 일이 흔하게 벌어진다. 따라서 '최고가 되면 된다'는 것은 나쁜 생각은 아니지만 현실적인 생각도 아니다.

두 번째는 '나만의 가치를 확보할 수 있는가?'이다. 같은 일을 하는 사람이 수없이 많으므로 나만의 특별함이 없으면 성공하기가 어렵다. 댄서가 된다면 남들보다 기술이 더 좋든가, 표현력이 좋든가, 아니면 독특한 동작을 하든가 해야 한다. 프로그래머가 된다면 일을 더 빨리하든가, 더 정확하게 하든가, 아니면 어려운 문제를 해결할 수 있어야 한다. 그런 가치를 만들

284

어 낼 수 있어야 하고, 특히 남들이 필요로 하는 가치를 보유해야 경쟁 상황에서 앞서나갈 수 있다.

마지막으로 '오래 지속될 수 있는가?'이다. 지금은 변화가 무척 빠르고 경쟁도 치열하다. 직업의 가치도 계속 변하고, 나만의 장점도 언제까지나 유지되지 않는다. 따라서 내가 선택한 길에서 내가 얼마나 오래 가치를 유지할 수 있을지 생각해 봐야 한다. 물론, 미래를 예상하는 것은 어려운 일이지만, 미리 생각하지 않으면 나도 모르게 위험한 상황에 빠질 수도 있다.

▷ 교차점을 생각하자

한 가지 더 생각해 보자. 어떤 일을 좋아한다는 것은 그 일의 어떤 특성이 나와 잘 맞기 때문이다. 그런데 어떤 일을 잘한다는 것도 그 일의 어떤 특성이 나와 잘 맞기 때문이다. 따라서 좋아하는 일과 잘하는 일을 구분하는 데 그치지 말고, 둘의 공통점이 무엇인지 찾아보는 것이 필요하다.

예를 들어, 댄스와 프로그래밍에는 '정확성'을 추구한다는 공통점이 있다. 춤은 동작이 아주 정확해야 하고, 프로그래밍은 한 치의 부정확함도 용납하지 않는다. 또한 '효율'을 추구한다는 공통점도 있다. 춤에 불필요한 동작이 없어야 시각적으로 좋아 보이고, 프로그램도 불필요한 코드가 없어야 관리가 쉽고 속도가 빠르다.

따라서 좋아하는 것이 춤이고 잘하는 것이 프로그래밍이라면, '정확성'과 '효율'이 나의 장점이 될 수 있다. 그리고 댄서를 선택하든, 프로그래머를 선택하든, 남들보다 더 정확하고 효율적인 결과물을 만들어 내는 것을 나의 차별점으로 삼을 수 있다. 이것은 상당히 중요한 힌트가 된다.

▷ 조건에 맞는 일이 없다면?

몰입할 수 있고, 쉽게 좌절하지 않을 수 있고, 현실적인 가치가 있는 일이 있다면 그것을 선택하면 된다. 하지만 그런 일을 아직 못 찾고 있을 수도 있다. 그렇다면 여유를 가지고 그런 일을 찾아보면 된다. 다만, 언제까지나 할 일을 고르고 있을 수만은 없다. 언젠가는 선택을 하고 앞으로 나아가야 한다.

'최선'은 '최고'와 다르다. 내가 선택할 수 있는 것 중에서 가장 좋은 것을 선택하는 것이 '최선'이다. 따라서 모든 조건을 만족하는 일이 없다면 어느 하나라도 만족하는 것을 우선 선택하고 실행해 보면 된다. 일단 어떤 일이라도 하다 보면 시야가 더 넓어지고, 더 많은 선택지를 찾게도 된다. 게다가 직업은 언제든 바꿀 수 있다. 그러니 더 좋은 선택지가 나타나지도 않고, 더 좋은 생각도 떠오르지 않는다면, 눈앞에 있는 일 중 하나를 일단 시작해 보는 것이 필요하다. 때로는 '펠리컨적 사고'를 해야 할 때가 있는 것이다.

자동 회사 습관

(SUMMARY)

1. 몰입할 수 있는 일

- 좋아하는 일도 잘하는 일도 몰입을 기반으로 한다.

- 몰입할 수 있어야 지속적이고 빠른 성장이 가능하다.

2. 쉽게 포기하지 않을 일

- 실패는 일상적으로 일어나는 일이다.

- 실패에 흔들리지 않는 굳건한 신념이 있어야 성공에 도달할 수 있다.

3. 현실적인 측면

- 얼마만큼의 금전적 가치를 가지는가?

- 나만의 가치를 확보할 수 있는가?

- 오래 지속될 수 있는가?

4. 교차점을 생각하자

- 좋아하는 일과 잘하는 일 모두 나의 어떤 특성과 연결되어 있다.

- 좋아하는 일과 잘하는 일의 공통적 특성이 내 장점이 될 수 있다.

5. 조건에 맞는 일이 없다면?

- 선택할 수 있는 것 중에서 조건에 가장 가까운 것을 찾자.

- 어떤 일이라도 일단 하면서 생각하자.

흔한 면접 질문

면접은 어려운 자리다. 누군가에게 평가받는다는 것은 언제나 떨리는 일인데, 면접은 합격과 불합격을 가르는 과정이기 때문에 더 긴장되기 마련이다. 그나마, 면접의 경험이 많으면 익숙해질 수도 있겠지만, 경험이 부족하면 압박감을 이겨내기가 쉽지 않다.

면접은 기본적으로 질문과 답변으로 이루어진다. 다른 식으로 진행되는 면접도 있겠지만 흔하지 않다. 거의 대부분의 면접은 면접관의 질문과 지원자의 답변으로 구성된다. 그런데 학교 시험처럼 답이 정해져 있지 않다. 게다가 출제범위도 명확하지 않다. 그래서 어떤 질문이 나올지, 어떻게 답변해야 할지 고민이 많아진다.

면접과 면접관에 따라 질문은 다양하지만 그래도 일반적으로 많이 던져지는 질문이 있기는 하다. 많이 쓰인다는 것은 그만큼 중요하게 생각되는 요소라는 의미이다. 따라서 흔한 질문에만 잘 대답할 수 있어도 면접에 도움이 된다.

이번 글에서는 면접에 자주 등장하는 질문에 어떻게 대처하면 좋을지 살펴보고자 한다. 다만, 거짓된 답변으로 면접관을 속이는 방법을 가르쳐 주려는 것은 아니기 때문에, 그런 면을 주의하면서 내용을 선택했다.

자동 회사 습관

⤷ 자기소개를 해주세요

많은 면접이 자기소개로 시작하고, 그래서 지원자들도 대부분 자기소개를 준비한다. 자기소개는 면접에서 지원자가 최초로 하는 답변이다. 지원자의 첫인상에 크게 영향을 미치고, 그런 면에서 가장 중요한 답변이라고 볼 수도 있다.

자기소개와 관련해서 강조하고 싶은 것은 두 가지인데, 첫 번째는 시간이다. 면접관이 자기소개를 요청하면서 시간을 지정해 줄 때가 많다. "1분 정도로 자기소개를 해주세요"라는 식이다. 이때, 1분을 조금 넘어가는 정도는 크게 문제 되지 않지만, 2~3분 이상 진행되면 면접관에게 안 좋은 인상을 줄 수도 있다. 심지어는 면접관이 자기소개를 중간에 끊는 경우도 있는데, 당연히 그런 상황은 지원자에게 좋지 않다. 따라서 사전에 시간에 맞춘 자기소개를 준비해 놓는 것이 좋다. 내 경험으로는 1분짜리와 3분짜리를 준비해 두면 좋을 것 같다. 1분이 주어지면 1분짜리 소개를 하고, 3분이 주어지면 3분짜리 소개를 하는 것이다. 만약, 면접관이 "5분을 넘지 않게 해주세요"라고 하면 3분짜리 자기소개를 하면 된다. 시간을 넘기는 것은 문제가 되지만, 일찍 끝내는 것은 크게 문제 되지 않는다. 혹시 시간을 지정하지 않았다면, "1분 정도로 제 소개를 해보겠습니다"라고 말한 후, 1분짜리 자기소개를 진행하면 된다. 추가로 궁금한 것이 있으면 면접관이 질문을 할 테니 말이다.

두 번째는 자기소개를 하는 자세와 태도다. 면접관들은 이미 이력서와 자기소개서 같은 것을 숙지하고 있기 때문에, 자기소개의 내용에서 특별한 것을 기대하지는 않는다. 그보다는 자기소개를 하는 자세와 태도를 더 주의해서 보는 것 같다. 얼마나 자신감 있게 이야기하는지, 얼마나 또박또박 끊김 없이 이야기하는지가 내용보다 더 중요할 수 있다. 자기소개를 깔끔하게 마치면, 면접을 열심히 준비했다는 인상을 줄 수 있다. 경력자라면 이력이 더 중요하겠지만, 신입의 경우에는 면접에 대한 준비 정도가 상당히 중요한 요소가 된다. 면접을 대하는 자세로 일을 대하는 자세를 평가할 수 있기 때문이다. 게다가, 긍정적인 태도나 커뮤니케이션 능력도 면접관이 자주 살피는 요소인데, 자기소개를 통해 그런 면이 평가되기도 한다. 따라서 자기소개를 글로 적어서 내용을 정리하고, 그 내용을 여유 있는 모습으로 막힘없이 이야기할 수 있도록 연습해 두어야 한다.

▷ 본인의 장점과 단점을 이야기해 주세요

질문의 표현은 다양할 수 있지만, 결국 지원자의 장점과 단점을 알고 싶은 질문도 상당히 자주 등장한다. 물론, 이런 질문에는 솔직하게 대답하지 않는 지원자가 많다. 특히, 자신의 치명적인 단점을 이야기하는 지원자는 별로 없을 것이다. 면접관들도 그런 면을 알고 있기 때문에, 지원자의 답변을 곧이곧대로 신뢰하지는 않는다. 다만, 답변의 표현 방식에 따라 다른 지원

자동 회사 습관

자와 다르다는 느낌을 줄 수는 있다.

면접관이 궁금한 것은 일과 관련된 역량이다. 따라서 본인이 가진 여러 장점 중에서 일과 관련된 장점을 이야기하는 것이 유리할 것이다. 그리고 단순히 어떤 장점이 있다는 선에서 말을 마치기보다는, 그 장점이 일에 어떤 좋은 영향을 미치는지 분명히 표현하는 것이 좋다. 예를 들어, "논리적인 사고에 능한 편입니다"보다는 "논리적인 사고를 잘하기 때문에, 프로그램에 문제가 생겼을 때 문제의 원인을 비교적 빠르고 정확하게 찾아냅니다"가 더 인상적인 답변이 된다.

단점도 비슷하다. 단점이라는 것은 부정적인 요소이지만, 그것이 오히려 일을 할 때는 긍정적인 면을 가질 수도 있다. 예를 들어 "덜렁거려서 종종 실수를 합니다"라고 하면 부정적인 면만 표현하게 되지만, "덜렁거려서 종종 실수를 합니다. 그래서 프로그램을 만든 후에는 테스트를 더 꼼꼼히 하는 편입니다"라고 대답하면 단점을 얘기하면서도 좋은 인상을 줄 수 있다.

▷ 왜 우리 회사를 선택했나요?

이 질문도 솔직한 답변을 기대하는 질문은 아니다. 모든 사람이 가고 싶어 하는 꿈의 직장이 아니고서야, 이 질문에 솔직한 답변을 할 수 있는 지원자가 많지는 않을 것이다. "이력서를 넣을 만한 곳은 다 넣었고, 합격한 곳 중 가장 연봉이 높은 곳을 다니려고요"라고 대답할 수는 없지 않은가? 면접관들 역시 지원자들의 상황에 대해서는 어느 정도 알고 있다.

이 질문을 던지는 이유는, 지원자가 회사에 대해 얼마나 이해하고 있는지가 궁금해서일 것이다. 자신이 지원한 회사에 대해 사전에 충분히 알아보지 않고 면접에 임한 지원자는, 면접 준비가 부실하다고 평가할 수 있다. 게다가, 회사에 대해 잘 모르고 지원한 사람보다 충분히 알고 지원한 사람이, 입사 후에 일에 몰입할 가능성이 더 클 것으로 기대할 수 있다.

따라서 회사의 구체적인 사업 아이템과 비전, 인재상 등과 연결한 대답을 준비해 두면 좋다. 예를 들면, 회사가 최근 어떤 행보를 보이고 있는데, 그것에 같이 참여해 보고 싶다고 하는 것이다. 혹은, 회사가 어떤 인재상을 표방하고 있는데, 그것이 자신의 추구하는 바와 잘 일치하기 때문이라고 이야기할 수도 있다. 그러면 "회사의 발전과 성공에 제가 충분히 기여할 수 있다고 생각했기 때문입니다" 같은 뜬구름식 답변보다는 좋은 인상을 줄 수 있을 것이다.

▷ 어떤 취미를 가지고 있으신가요?

취미 생활, 좋아하는 것, 주말에 어떻게 지내는지 등을 물어보는 경우가 있다. 정말로 취미가 궁금하다기보다는 일상생활에서의 모습을 통해 지원자의 인간적인 특성을 엿보고자 한다

자동 회사 습관

고 생각할 수 있다. 면접관에 따라 다르겠지만, 내가 이 질문을 던졌을 때는 취미의 종류는 중요하지 않았다. 그보다는 자신이 좋아하는 활동에 얼마나 진지하게 임하는지가 더 중요했다. 물론, 취미로 즐기는 게 별로 없다고 해서 감점이 되지는 않는다. 하지만 가산점을 얻을 수 있는 기회가 되기는 한다.

예를 들어, 어떤 지원자는 만화책을 보는 것이 취미일 수 있다. 그것 자체로는 평범한 답변이 된다. 그런데 만화책을 수집하여 200권 넘게 보유하고 있다거나, 만화책 동호회를 만들어 운영하고 있다거나, 만화책에 대해 칼럼을 쓰고 있다거나 하면 평범하지 않은 답변이 된다. 그리고 면접관에게 좋은 인상을 줄 수 있는 여지가 생긴다. 여행이 취미라면, 흔치 않은 장소를 여행한 경험이 있다거나, 여행의 노하우를 많이 알고 있다는 것이 지원자에게 도움을 줄 수 있을 것이다.

꼭 깊이 있는 취미 생활만 도움이 되지는 않는다. 다양한 취미 생활도 면접관에게 인상적일 수 있다. 다만, 그런 답변을 하기 위해서는 정말로 그런 취미 생활을 하는 것이 필요하다. 흥미를 느끼는 면접관이 추가적인 질문을 여러 개 던질 수 있기 때문에, 꾸며내거나 과장된 답변은 쉽게 들통날 수 있다.

▷ 거꾸로 질문하고 싶은 것이 있으면 질문하세요

내가 면접관으로 참여했던 면접에서는 항상 이것이 마지막

순서였다. 지원자에게 거꾸로 질문할 기회를 주는 것이다. 그러면 대부분 일정 범위 안에서 질문이 나왔다. 회사의 복지 제도, 야근 여부, 일하게 될 부서 등에 대해 많이 궁금해했던 것 같다. 간혹, 궁금한 것이 따로 없다는 반응도 있었다.

일단, 질문이 없는 것은 면접관에 따라 안 좋게 생각할 수도 있다. 직장생활에 대한 고민이 부족해 보일 수 있기 때문이다. 따라서 가능하면 면접관에게 물어볼 만한 것을 2~3개 정도는 준비해 두는 것이 좋다. 물론, 너무 공격적인 질문은 피하는 것이 좋다.

복지 제도처럼 궁금한 것을 물어보는 것도 나쁘지는 않지만, 이왕이면 이 시간도 가산점을 얻는 시간으로 활용할 수 있다. 예를 들어, 회사의 비전에 대해 물어보거나, 지원자에게 어떤 역량을 기대하는지 물어볼 수 있다. 혹은, 지원자의 성장에 도움이 될만한 조언을 요청할 수도 있을 것이다. 좋은 질문을 던지는 역량은 실제로 굉장히 중요하게 평가되는 역량이기 때문에, 질문을 할 수 있는 기회는 면접관에게 긍정적인 인상을 줄 수 있는 좋은 기회가 된다.

[면접관에게 던질 만한 질문의 예시]

- 만약 제가 채용된다면, 입사하기 전에 어떤 것을 미리 학습하면 좋을까요?

- 회사에서 가장 중요하게 여기는 구성원의 가치는 무엇인가요?

- 제가 답변하는 것을 보셨는데요. 제 커뮤니케이션 방식에서 보

자동 회사 습관

완해야 할 점이 있을까요?

- 업계의 선배님이시니까, 제가 성장하는 데 도움이 될 만한 조언

  을 부탁드립니다.

- 신입사원에게 가장 중요한 태도는 무엇인가요?

(SUMMARY)

---

1. 자기소개를 해주세요

- 1분짜리, 3분짜리 소개를 미리 준비하여 필요 이상으로 시간을
  길게 쓰지 않도록 하자.
- 말하는 연습을 반복하여 자신 있고 막힘없는 자기소개가 되도록 하자.

2. 본인의 장점과 단점을 이야기해 주세요

- 장점이 업무에 어떤 긍정적인 효과를 가져올 것인지 이야기하자.
- 단점도 업무에는 긍정적인 면이 될 수 있다는 것을 이야기하자.

3. 왜 우리 회사를 선택했나요?

- 회사에 대해 사전에 충분히 학습하자.
- 회사의 구체적인 특성과 연결하여 대답하자.

4. 어떤 취미를 가지고 있으신가요?

- 깊이 있는 활동을 하는 취미를 가지거나, 다양한 취미를 경험해 보자.
- 자신의 취미에 대해 전문성이 느껴지는 답변을 준비해 보자.

5. 거꾸로 질문하고 싶은 것이 있으면 질문하세요

- 질문이 없는 것은 좋지 않은 인상을 줄 수 있다.
- 면접관에게 좋은 인상을 남길 수 있는 질문을 생각해 보자.

AI에 익숙한
신입사원

PREVIEW

요즘 비즈니스 환경에서 가장 중요한 키워드는 AI가 아닐까 한다. 글을 쓰고, 이미지를 생성하는 등의 단편적 작업만 하던 AI가, 이제는 스스로 보고서도 만들고, 이메일을 송신하며, 고객의 요청을 스스로 처리하기도 한다. 소위 'AI 에이전트'의 발달로 점차 AI가 할 수 있는 일이 많아지고, 직장 환경에서 AI의 비중이 날로 커지고 있다.

실제로 점점 더 많은 기업들이 AI를 도입하고 있다. AI를 업무에 활용하기 위한 도구와 서비스들도 이미 많이 등장했다. 일하는 방식 자체가 바뀔 것이라는 이야기도 많이 회자되고 있으며, AI 활용 정도에 따라 일의 효율이 크게 달라지고 있다. 이런 상황에서, 'AI에 능숙한 신입사원'이라는 인상을 줄 수 있다면 직장생활과 커리어에 큰 도움이 되지 않을까?

▷ 최근 소식에 밝은 신입사원

AI의 발전 속도가 눈부시게 빠르다. 그만큼 새로운 뉴스가 하루가 다르게 쏟아지고 있다. 아쉽게도 직장인들이 그런 소식을 일일이 따라가기는 쉽지 않다. 자신의 업무를 처리하는 것만으로도 매우 바쁘기 때문이다. 대체로 크게 회자되는 소식만 간간이 알게 된다. 이런 상황에서, 신입사원이 AI와 관련된 최근 소식들을 많이 알고 있다면, 'AI를 잘 아는 신입사원'이라는 인상을 줄 수 있을 것이다.

물론, 소식이라고 다 같은 소식은 아니다. 이왕이면 직장인들이 관심 가질 만한 소식을 알고 있는 것이 좋을 것이다. 그런 소식으로 크게 두 가지가 있을 수 있는데, 첫 번째는 기술의 발전 정도이다. 그러니까, 'AI가 이제 이런 것까지 할 수 있다'라는 것이다. 예를 들어, 'AI가 짧은 소설을 쓸 수 있다', 'AI가 간단한 게임을 만들 수 있다' 같은 소식은 직장인들에게 흥미를 유발할 수 있고, 조직도 관심을 둘 만한 소식이다.

두 번째로는 AI로 큰 성과를 만들어낸 사례들이다. '어떤 회사가 AI를 도입하여 생산성이 두 배로 늘었다'라든가, '어떤 회사가 품질관리에 AI를 도입하여 매출이 30% 향상되었다'라는 소식이다. 이런 소식은 꼭 같은 분야의 회사가 아니더라도, 비즈니스 참여자들에게 매우 흥미로운 소식이다.

최신 소식을 파악할 수 있는 방법은 여러 가지가 있는데, 일단 AI 전문 언론을 구독하는 방법이 있다. 국내에서는 'AI타임스'가 대표적인데, 구독을 설정하면 내 이메일로 매일 새로운 뉴스를 보내주기도 한다. 언론은 매일 일정량의 기사를 채워야 하기 때문에, 중요한 최신 소식을 빠뜨리는 법이 거의 없다.

또 한 가지 방법은 주요 콘퍼런스들을 찾아보는 것이다. 가장 좋은 것은 콘퍼런스에 직접 참여하는 것이지만, 유료인 것도 있고, 시간도 투자해야 하기 때문에 쉽지 않다. 다만, 콘퍼런스의 세션 일정표가 보통 공개되기 때문에, 세션의 제목들만 봐도 AI와 관련한 트렌드를 어느 정도 알 수 있다. 게다가 세션 제목으로 검색을 하면, 좀 더 구체적인 내용을 파악할 수 있는 경우도 있다.(특히, 콘퍼런스가 끝나고 나면 '참관 후기' 글들이 온라인에 작성된다) 콘퍼런스 세션 중에는 기업이 AI를 적용한 결과를 공유하는 것도 많아서, AI의 적용 사례를 파악하는 데 특히 도움이 된다.

[대표적인 AI 전문 언론]

– AI타임스

– MIT Technology Review

[대표적인 AI 콘퍼런스]

– AI SUMMIT SEOUL & EXPO

– AI EXPOKOREA(국제인공지능대전)

– Naver DAN

자동 회사 습관

⯈ AI 서비스를 많이 아는 신입사원

뉴스를 많이 아는 것도 좋지만, 실제 서비스를 많이 아는 것도 좋을 것이다. 이미 AI를 활용한 서비스가 수도 없이 많으며, 일부는 큰 성과를 내고 있다. 뉴스가 미래에 초점을 맞추고 있다면, 서비스에 대한 이해는 현재의 모습을 이해하는 것이라고 생각할 수도 있다.

AI 관련 서비스는 크게 두 가지로 나눌 수 있다. 첫 번째는 GPT나 Claude 같은 모델을 직접 이용하는 것이다. 미드저니 사이트에서 이미지를 생성하는 것도 이쪽으로 분류할 수 있을 것 같다. 그리고 두 번째는 AI를 이용하여 사람들의 구체적인 요구사항을 해결해 주는 서비스다. 법률 상담 서비스, 캐릭터 채팅 서비스, 문서 작성 서비스 등이 여기에 해당한다.

어떤 서비스가 존재하는지 알면, 조직이 필요로 할 때 도움이 될 수 있다. 특히, 각 모델과 서비스의 장단점을 아는 것이 중요하다. AI 모델도 모델마다 더 잘하는 것이 있다. Claude는 문맥을 잘 이해하여 글쓰기에 활용하기 좋다. 반면, 일상적인 대화는 GPT가 더 능숙하다. 이미지 생성에서도 실사형 이미지를 잘 생성하는 모델이 있고, 만화 같은 이미지를 잘 만들어 내는 모델이 있다.

특정 요구사항에 특화된 AI 서비스에 대해서도 마찬가지다. 법률 상담 AI가 법률과 관련된 모든 일을 처리해 주는 것은 아닐 것이다. 어떤 것이 가능한지 정도를 알아두면 좀 더 실용적인 지식이 된다. 물론, 모델과 서비스가 계속 업데이트되므로 정기적으로 자신이 알고 있는 정보를 갱신할 필요는 있다.

▷ AI를 잘 활용하는 신입사원

잘 아는 것보다 더 눈에 띄는 건 잘 활용하는 것이다. 비즈니스 환경에서 AI는 점점 더 중요한 도구가 되고 있으며, AI를 활용하는 능력이 앞으로는 핵심 역량이 될 가능성이 있다. 이때, AI를 잘 사용하는 모습을 보여준다면 조직의 중요한 인재로 인정받을 수 있을 것이다.

AI를 잘 활용하려면 일단 많이 써봐야 한다. 다만, AI를 잘 활용하기 위한 팁들이 많이 공개되어 있으니, 무작정 사용하기보다 공개된 팁들을 학습하고 적용하면서 활용해 보기를 권한다. 예를 들어, 언어 모델을 이용할 때 프롬프트를 어떻게 작성해야 좋은지 알고 이용하면 더 좋은 결과를 얻어낼 수 있다.

AI를 처음 사용할 때는 생각보다 결과가 좋지 못할 수 있다. 품질이 예상만큼 나오지 않을 수도 있고, 시간이 오래 걸릴 수도 있다. 따라서 처음부터 업무에 사용하기보다는 개인적인 용도로 어느 정도 먼저 사용해 보기를 권한다. 그래서 특정 AI의 사용에 익숙해진 후에 업무에 활용하는 것이 무리가 없을 것이다.

AI를 활용할 때 주의해야 할 점도 있다. 일단 '보안' 이슈를 먼저 생각해야 한다. 회사의 중요 정보를 함부로 AI에 입력해서는 안 된다. '보안'은 대부분의 조직에서 매우 중요하게 생각하는 요소이므로, 단 한 번의 실수도 하지 않도록 주의해야 한다.

회사에 따라서는 아예 AI의 사용을 금지하는 경우도 있다. 아니면, 암묵적으로 AI의 사용을 기피할 수도 있다. 따라서 회사가 AI의 활용에 대해 어떤 태도를 가지고 있는지 확인한 후에 AI를 활용하는 것이 좋을 것이다. 잘 모르겠다면, 팀장에게 AI 사용이 가능한지 확인해 보는 것이 좋겠다.

마지막으로, AI에 지나치게 의존하지 않도록 해야 한다. AI를 이용하면 쉽게 결과를 얻어낼 수 있지만, 자칫하면 AI 없이 업무를 처리하지 못하는 상황에 빠지게 된다. 특히 핵심 업무는 AI의 결과물을 평가할 수 있고, AI 없이도 (시간은 더 걸리더라도) 일을 처리할 수 있는 상태를 지향해야 한다. 업무의 본질을 이해해야 더 큰 책임을 맡을 수 있게 되는데, AI를 이용해 결과를 얻어내는 것만 반복하다 보면 그런 역량이 성장할 여지가 사라지게 된다.

(SUMMARY)

1. 최근 소식에 밝은 신입사원

- AI의 발전 속도가 빠르기 때문에 최근 소식에 밝은 사람이 많지 않다.

- AI 기술의 발전 정도와 AI 활용의 성공 사례가 흥미로운 소식에 속한다.

- 언론사를 구독하거나 콘퍼런스 내용을 살펴보는 것이 도움이 된다.

2. AI 서비스를 많이 아는 신입사원

- 실제 서비스에 대한 이해도 중요하다.

- 어떤 모델과 서비스들이 있는지 알고, 각 모델과 서비스의 장단점을 이해하고 있으면 좋다.

3. AI를 잘 활용하는 신입사원

- AI 활용에 도움 되는 내용을 학습하고, 실제로 많이 사용해 보는 것이 필요하다.

- 개인적으로 먼저 충분히 익숙해진 후에 업무에 활용하자.

- 조직에 따라 AI 사용을 금지하거나 기피하는 경우도 있으므로, 조직의 분위기에 맞춰가자.

- AI에 너무 의존하여 자신의 성장이 정체되지 않도록 하자.

자동 회사 습관

초판 1쇄 발행 2026년 3월 30일

지은이 이재호

펴낸이 서재필

펴낸곳 마인드빌딩

출판등록 2018년 1월 11일 제 2024-000136호

이메일 mindbuilders@naver.com

ISBN 979-11-24086-16-2(03190)

• 책값은 뒤표지에 있습니다.

• 잘못된 책은 구입하신 곳에서 바꿔드립니다.

• AI 훈련을 목적으로 책을 사용하거나 복제할 수 없습니다.

마인드빌딩에서는 여러분의 투고 원고를 기다리고 있습니다.
출판하고 싶은 원고가 있는 분은 mindbuilders@naver.com으로
기획 의도와 간단한 개요를 연락처와 함께 보내주시기 바랍니다.